ちくま新書

中国共産党vsフェミニズム

中澤 穣
Nakazawa Minoru

1812

中国共産党vsフェミニズム【目次】

まえがき

私が中国のフェミニズム（女権主義）を重点的に取材しはじめた二〇二〇年前後には、これを「最後の社会運動」と受け止める考え方が、少なくとも女権主義関係者の間ではすでにひろく共有されていたと思う。

たとえば、中国で女性の権利獲得などを目指してきた著名な女性運動家の呂頻氏（四九）は二一年の年末、滞在先の米国で北京からのオンライン取材に答え、「女権主義は、幸運にも中国で最後まで残った社会運動となった。ほかのあらゆる社会運動はほぼすべて抑圧され、声を消されてしまった。これが中国での情勢であり、私たちが変えることは極めて難しい」と語った。

筆者が北京で特派員として働きはじめた一〇年代後半、中国では民主主義を求める運動や憲法をよりどころに人々の権利擁護を訴える運動などは、当局の弾圧によってほぼ壊滅状態にあった。幸運にも関係者らを取材する機会に恵まれ、厳しい体験に基づく鋭い批判や洞察に深い感銘を受けることもあった。しかし極めて残念ながら、中国国内ではそうした運動の影響力は限られていた。関係者のほとんどが当局の監視を受けて活動が制限されているか、刑務所の中にいるからだ。

労働問題や環境破壊、少数民族、宗教などの分野でも、自分たちの苦境を訴え、変革を求める声が存在していたが、どの分野にあっても当局の統制は厳しく、そうした声を聴くことすら容易ではなかった。人々は不満や怒りの声を上げる手段を失いつつあった。

こんな状況にあって、差別的な境遇に対する女性の不満や失望、怒りはさまざまな場面で大きな声となって中国社会に響いていた。性別に起因する不平等な待遇は、なにか特別な機会に気づくものばかりではなく、日常生活のはしばしで遭遇するものだ。女性たちが日常生活の中で抱える不満や怒りを抑え込むのは、中国政府にとっても容易ではない。平たくいえば、セクハラがなくならなければ、セクハラへの怒りの声を消し去るのは難しい。自分たちの置かれた不平等な待遇に対する怒りが、社会の変革を求める声につながるのは自然な流れといえる。

もちろんそうした声が政府の統制を受けなかったわけではない。中国で女権主義は「境外勢力（外国勢力）」との批判を受け、社会の安定を損なう存在とみなされた。少なからぬ女権主義者が当局による直接的な監視や抑圧、逮捕の対象となった。インターネット上でも激しい攻撃を受けた。女性の声に一部応える形で法改正などもあったが、実質的な効果は乏しく、ＭｅＴｏｏ運動の当事者らが求めた司法による救済は実現しなかった。

もともと、中国の女権主義が共産党政権へのダイレクトな批判を展開することは多くない。中国国内で党や政府を批判すればすぐさま身の危険が生じるという事情もあり、女権主義は、それが不可避であるときを除けば、政治との直接的な対決をなるべく避けようとしていたようにみえる。政権の許した枠の中での穏当な運動が唯一の道だったといえるが、その枠ですら急速に縮小し、日本からみれば極めて穏当な活動（たとえば女権主義をテーマとした小規模な集会を開くこと）も許されなくなっていった。

それでも、女性の声はかき消されていない。行き着いた先が二二年一一月末に、過度に厳格で不条理な防疫措置に反対した「白紙運動」であり、「不婚不育」（結婚せず子どもも産まない）という女性の生き方だ。前者は一義的には「ゼロコロナ」政策への不満が爆発したものだが、女権主義の影響は大きい。後者のような女性の考え方の変化について、中国当局は少子化の原因とみなして問題視している。筆者の考えでは「不婚不育」という生き方は少子化の原因というよりも、現在の社会状況がもたらした一つの帰結であるが、いずれにしても少子化は、豊富な人口が支えてきた中国の発展にも影響するはずだ。

本書は、主に一八〜二三年ごろまでの中国の女権主義に関する動きを追う。ある特定の国で、特定の時期に、フェミニズムが強い影響力を持つことがあるが、中国ではそれがこの時期にあたるのではないだろうか。おおむねＭｅＴｏｏ運動の盛り上がりから始まり、それに対する抑えつけや少子化の加速を経て、二二年の白紙運動とその後の影響までの時期が、本書の対象となる。

中国では、フェミニズムは「女権主義（女権）」「女性主義」などと訳される。女権主義はより権利に重きを置き、女性主義はジェンダーや性別などの視点を重視するようだ。女権主義のほうが強硬な響きがあるとして、この言葉を避ける人もいる。「実際のところはわからないが、女性主義のほうが女権主義より当局の言論統制の対象になりにくいような気がする」というメディア関係者もいた。「女権主義」は二〇世紀初めに参政権獲得を目指す運動の中で使われたという歴史的経緯もある。本書では、女権主義という言葉を使っていた取材対象者が多かったという理由から、主に女権主義と表記するが、カギカッコの中などでは本人の発言に従って女性主義も使用する。

また、年齢は取材時のものを記した。金額については、人民元に続く丸かっこ内に、取材当時のレートに基づいて大まかに換算した日本円の額を参考として記載した。

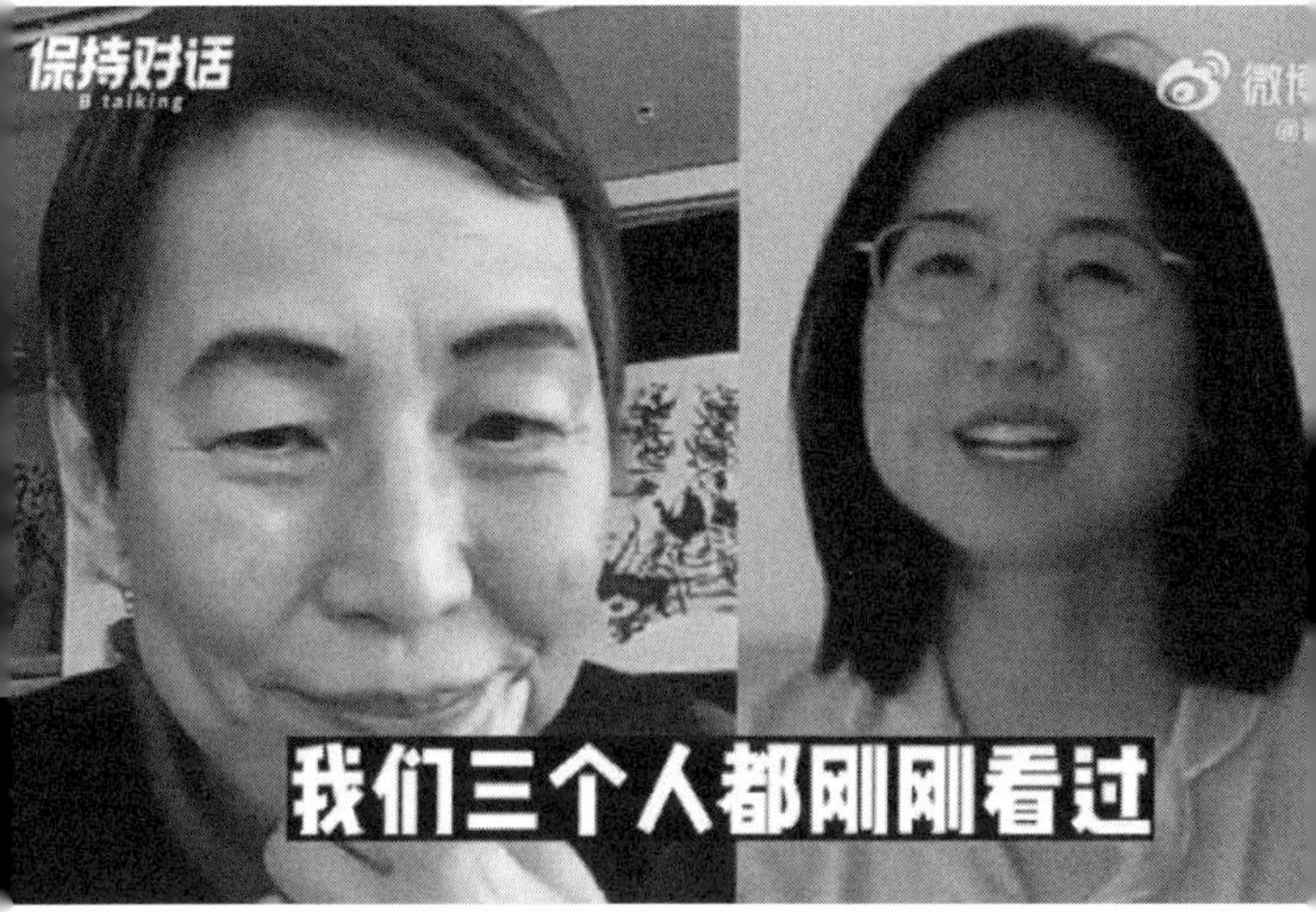

第一章
中国に女権ブームがやってきた

上野千鶴子教授(左)と全嘻嘻さんらの対談動画の一部。(微博)

1　女権主義ブーム

†「特別な年」となった二〇二二年

中国の出版業界で働くある女性が、中国でも新型コロナウイルス禍がようやく落ち着いた二〇二三年夏、前年の二二年を振り返り、「中国での女権主義にとって特別な年でした」と語った。

この年は、防疫のために厳格な行動制限を課す「ゼロコロナ」政策が峻烈を極め、それに反発する「白紙運動」が起きた。最後は、中国政府が一切の防疫対策をあきらめて新型コロナの感染爆発に至った。その間に中国共産党の第二〇回党大会が開かれ、習近平総書記が異例の三期目をスタートさせた。これらの事案と女権主義には相互に直接的、あるいは間接的な影響があったといえる。一方で、女性差別への怒りが背景となった社会的事件が相次ぎ、彩礼（結納金）や人身売買などを巡ってネット上で議論が交わされた。二一年末に発覚した女子プロテニス選手と元副首相のスキャンダルの余波は、二二年二月開幕の北京冬季五輪の祝祭ムードにも影響した。中国が大きく揺れた年であり、女権主義の果たした作用は小さくなかった。

中国の女権主義には、女性参政権獲得運動から数えても一〇〇年以上にわたる歴史と蓄積があり、一九九〇年代半ばからは家庭内暴力の防止などを目指す運動が続いてきた。しかしここ数年、主にインターネット上を舞台に女権主義に時代を画す動きがあったのは間違いない。この出版業界の女性は「多くの中国人にとって、女権主義や女性主義はこの数年で突然現れた新しい言葉だ」と話した。

そうしたなか、中国の二二年の出版業界ではこの数年来の女権主義ブームがさらに盛り上がり、女権主義に関する本が大量に出版された。

まずは書籍や映画のレビューサイト、豆瓣（ドウバン）の二二年のランキングを見てみよう。八位にはオーストラリアのフェミニズム哲学者ケイト・マン氏の『エンタイトルー男性の無自覚な資格意識はいかにして女性を傷つけるか』（邦訳）、六位には英国のジャーナリストによる『存在しない女たち――男性優位の世界にひそむ見せかけのファクトを暴く』（同）が入った。男性をスタンダードに作られた社会で女性がいかに不利益を得ているかをデータで示した書籍だ。九位や五位、四位は小説だが、いずれも女性の生き方がテーマのひとつになっている。

そして一位は、日本のフェミニズムを牽引してきた社会学者の上野千鶴子・東大名誉教授と作家の鈴木涼美氏との共著『往復書簡　限界から始まる』だ。小説もふくめれば、一〇位以内の半数以上をフェミニズムや女性に関するものが占める。このランキングが中国社会の雰囲気を反映しているといえるだろう。

出版業界に限れば、中国での女権主義ブームはかなりの程度で上野千鶴子ブームともいえる。上野氏の本は、このランキングに二〇年から登場する。中国のオンライン書籍サイトをみると、翻訳・出版されている上野氏の本は二六冊にのぼる。研究論文の書き方といったものも含まれるが、当然ながらほとんどがフェミニズムに関するものだ。二二年だけで七冊が翻訳・出版され、米紙「ウォール・ストリート・ジャーナル」によると、合計一〇〇万部が売れたという。

なお同紙によると、ネット上でラジオのように視聴するポッドキャストでも、中国語を使う番組の上位四〇のうち一〇が「社会における女性」がテーマとなっている。もっとも代表的な番組「海馬星球」は、主に日常生活で女性が遭遇する不平等などをテーマとする。二一年以降、中国国内からはネット規制システム「グレートファイアーウォール」を回避するためVPN（仮想プライベートネットワーク）を使って聞かなければならないが、影響力はなおも大きい。ホストの李雯氏は現在、ドイツに在住する。なお「海馬」は中国語でタツノオトシゴのことであり、オスが出産する数少ない生物だという。

†「言葉」を探す若い世代

上野氏の著書を含むフェミニズム関連本の主な読者は、日ごろから性差別に直面している若い女性たちだ。上野氏の著書を数冊読んだことがあるという北京在住の三〇代の女性会社員は「なぜ女性は男性よりも仕事を探すのが大変なのか、結婚して出産するとキャリアへの影響が避けられないのか。そうした日々の疑問に対し、構造的な差別が背景にあることを教えてくれた」と話した。

この女性は、上野氏の著書が結婚や家庭など生活に密接に関わる内容が多いため「読みはじめるのに、ハードルが低い」とも語った。冒頭の出版業界の女性は、女権主義への入門書にもなっていると指摘し、「上野氏の著書を通じて「家父長制」という言葉を初めて理解した読者も多いのではないか」と推測した。

北京市内の書店に並ぶ上野氏の著書（2022年４月、筆者撮影）

こうしたブームを上野氏はどのようにみているのか。二三年春に取材した際、上野氏は『往復書簡　限界から始まる』が「日本ではあまり売れなかったのですが、中国では話題になりました」と苦笑いし、「今の若い世代は、自分たちの経験を説明してくれるボキャブラリーを求めている最中なのではないか」と分析した。中国には近代以降、欧米の文化や学問を日本経由で取り入れてきた伝統もある。家父長制のほか、上野氏の著書のタイトルともなった「ミソジニー」＝「女ぎらい」＝「厭女」という言葉が中国に広まったことにも、上野氏の著書の貢献は大きい。

さらに上野氏は、中国の女性が置かれた状況が世代間で大きく変化してきたとも指摘する。「改革開放以前は共産主義的な平等思想が持ち込まれ、女が男と同じことをやるという形での男女平等が強制的に実現した。一方、改革開放以降は市場化によって男女の格差が開いた」。上野氏はこうした変化を「自由なき平等」から「平等なき自由」と説明する。後述するように市場経済での競争は、より多くの女性に賃金や雇用状況における男女間格差を実感させる。

一人っ子政策の影響もある。中国では、男児が好まれる傾向が極めて強く、産み分けによって男女比率が極端にアンバランスとなった。しかし生まれた一人っ子の女児については、とくに都市部では大切に育てて教育などへの投資を惜しまない。中国はもともと高学歴志向が強い。高学歴の女性は一気に増えた。中国の大学進学率は五割程度で日本とほぼ同じ水準だが、日本と異なり女性の進学率が男性を上回る。先の出版業界の女性は「現在の中国社会には高等教育を受けた女性が大量に存在する。中国の歴史上、初めてのことであり、これほど急激に増えたことは世界的にもほとんどないのではないか」と話す。

一方で、子どもを産み育てる役割に対する親や社会の期待は変わらず、男尊女卑の考えも根強い。女性が就職をしてキャリアを積むなかで男女間の格差を実感する機会が増えることになる。不平等や不合理を経験した女性はかつて堪え忍ぶほかなかったが、高等教育を受けた女性は不満や怒りを言葉にして表現することができる。

†上野千鶴子ブームの背景

上野氏が中国で注目を集めるきっかけとなったのは、二〇一九年の東京大入学式での祝辞だ。中国語訳の字幕が付いた祝辞の動画が中国のネット上で広く拡散し、とくに「頑張っても公正に報われない社会が待っています」というフレーズに大きな反響があった。高学歴の女性を中心に共感が広がり、日本よりも話題となったといえる。上野氏は「中国は激しい競争社会だ。不公平感や不平等感を強く持っている人が多いと感じた」と振り返る。

また上野千鶴子ブームは、中国で強まる言論統制と表裏一体ともいえる。先の出版業界の女性は「格差や差別など政権批判につながる話題は、当局にとがめられかねない。家父長制などへの批判も、中国そのものが題材であれば出版へのハードルは高い」と解説する。本章の冒頭であげた出版ランキングでも、海外のフェミニズム関連本の翻訳が並ぶ一方、中国人による著作は小説を除いて見当たらない。中国に女権主義の優れた専門家がいないわけではなく、言論統制によって出版が難しいためだ。後に詳しく触れるように、中国では性暴力被害を告発するＭｅＴｏｏ運動も、米国発であることなどから抑圧された。この出版関係者は「上野氏の著書は日本が題材だが、読者は中国をイメージしながら読むことができる。日本は欧米よりも文化的に近く、家父長制や男尊女卑などの構造が似ている部分も多い」と解説する。なお中国でも日本と同様に、韓国のフェミニズムに関する本もよく読まれている。

出版業界でのこの女権主義ブームは今後も続くのだろうか。中国の女性問題に取り組んできた民間団体の関係者は二三年春の時点で「影響力の拡大は当然、当局の警戒を引き起こす。すでに出版業界では自己規制が始まり、翻訳の対象もかなり慎重に選ばれている」と憂慮していた。それでも二三年末に発表された豆瓣のランキングでは、明確に女権主義が対象の書籍が、上野氏の『生き延びるための思想』を含めて三冊入った。ブームはまだ続きそうだ。

†対談相手が批判を浴びる

上野氏をめぐっては二〇二三年二月、北京大出身の三〇代の女性三人との対談動画も話題となった。約三〇分の動画は二カ月ほどの間に三〇〇万回以上も再生された。対談相手のうちの一人は中国の代表的な交流サイト（SNS）微博（ウェイボ。X＝旧ツイッターに機能が近い）で、三五万人（当時）のフォロワーを持つインフルエンサーの女性、全嘻嘻氏だった。

ところが、全氏ら三人は動画の公開直後からネット上で激しく批判を浴びた。批判も含めて関連する書き込みは約二カ月間で累計約六億回も閲読され、一時は微博で話題ランキングの上位にも登場した。批判を受けた全氏は一週間ほどで自身のアカウントから対談動画を削除したが、動画は転載が繰り返されて視聴できる状態が続いた。

動画の削除にあたり、全氏は全面的に謝罪する声明を出した。

「動画が引き起こした議論が大きく広がり、私にはなすすべがない。私の質問はとてもレベルが低かったが、上野先生の回答は価値のあるものだった。フェミニズムの知識やインタビュー手法について私は無知で愚かだった。多くの人を不快にさせたかもしれないが、それは私の意図するところではなく、能力に問題があったからだ」

中国のネット上での全氏への批判は主に二種類あったと理解できる。一つは熱烈な上野ファンから上がったものだ。全氏の上野氏への最初の質問は「（上野氏が結婚しないのは）男性に傷つけられたことがあるからか、それとも生まれ育った家庭の影響か」というものだった。これに対し、ネット上では「質問が失礼だ。女権主義への理解が足りない」などと非難の声が上がった。対談での話題が、結婚や出産、母親との関係など身近な話題に終始したことも批判の的となった。上野氏は、こうした対談の内容について「東大女子も北京大女子も、偏差値が高いだけの普通の女子だ。結婚や出産など女性の普通の悩みを持っていることはあたりまえ」と理解を示す。

上野氏によると、動画への出演は「出版社からプロモーションとして依頼された」という。学生寮での会話のようなカジュアルな雰囲気が演出され、パジャマ姿の全氏ら三人が上野氏に質問していく形で展開した。もともと女権主義に関心のある層にとどまらず、親しみやすい演出によって多くの人々を引きつけ、読者層を広げていこうという意図があったとみられる。こうした演出もファンから「礼儀に欠ける」などと批判があがり、その矛先は全氏らに向けられた。

もうひとつの批判は全氏自身の華やかな経歴と関係がある。全氏は中国の学歴社会で頂点に立つ北京大学を卒業した経歴を持つ。現在はネット関連企業の幹部でもある。対談動画では結婚して六年目で子どもが一人いると明かした。別の投稿では、出産後五日で仕事に復帰したことや、家事や育児は夫の母親に任せていることなども語っている。上野氏は「（全氏ら三人は）競争を勝ち抜き、仕事も家庭もすべて手に入れたエリート女性といえる。そうした女性への反発があったのではないか」と推し量る。

第三章で登場する中国のＭｅＴｏｏ運動の代表的な事案の被害者である周暁璇（ネット名・弦子）さんは、上野氏の見方に賛意を示した上で、全氏が「家庭の外で職業的な成功を収める一方、（夫の母という）一つ上の世代の女性に家事育児を任せ、家庭内労働の問題を解決した勝ち組女性だ」と指摘し、批判を浴びた一因だと分析した。

中国でも家父長制の影響による男女の役割分担などは、多くの女性が結婚や出産を避ける要因となっており、加速する少子化の一因とも指摘される。後述するように、結婚して子どもを産むという生き方を選ばない女性は増えており、ネット上ではそうした女性の生き方を巡る議論が活発に交わされている。弦子さんは「（全氏には）家父長制などの構造的な要因から、結婚や出産をしない選択肢を選ぶ女性への理解が欠けていた」と解説する。

対談で印象に残った場面について、上野氏は「『正しいフェミニズムと間違ったフェミニズムはない』と言ったら、三人はあっけにとられたようだった」と笑う。結婚するかしないか、化粧するかしないか、軍隊に参加するべきかどうか、ハイヒールを履くべきかどうかなど「フェミニズムにとって正しいか正しくないかを分ける教条主義が、日本でもかつてあった」と振り返り、「フェミニズムは多様であり、唯一の正解が出てくる回答マシンではない」と強調した。

2 事件が映す性差別

†唐山事件

近年、中国のネット上などで広く関心を集めた事件は、女性たちの性差別への憤りが背景にあるものが少なくない。二〇二〇年には、インフルエンサーが前夫に殺害された家庭内暴力事件が話題となり、二一年には中国IT大手、アリババの女性従業員が出張中に上司と顧客から性的暴力を受けたという事件もあった。これらの事件が話題になったのは、女権主義が影響力を獲得し、多くの女性が「性別による差別」といった視点から社会で起きた出来事を批判的にとらえるようになったためだ。こうした女性たちの憤りは、中国社会のアジェンダセッティングに大きな影響を持ち、限定的ながら共産党政権をも動かした。

中国河北省唐山市の串焼き店の外で、暴行されて路上に倒れ込む女性ら（2022年６月10日未明、微博より）

とくに二二年は、衝撃的な二つの事件があった。二つの事件が話題となった背景を読み解くことで、女権主義ブームの一つの側面がみえてくる。女性たちの怒りの矛先は、事件そのものにとどまらず、事件を巡る当局の対応の仕方にも向けられている。

二二年六月、中国河北省唐山市の飲食店で女性四人が被害者となる暴力事件が起きた。殺人事件ではなく、被害者が特別に多いわけでもないが、単なる暴力事件の枠を超えて波紋が広がった。

話題となったきっかけはネット上で拡散した映像だ。現場の串焼き店の内外に設置された防犯カメラで撮影されたとみられる。六月一〇日に日付が変わった午前二時四〇分の店内で、会計を終えたとみられる体格のいい複数の男たちが入り口付近の女性グループに近づき、男の一人が女性の背中を触る。女性がその手を振り払って拒否すると、男は突然、女性を殴りはじめた。女性の髪をつかんで店外に引きずり出し、男の仲間も加わって倒れ込んだ複数の女性の顔を踏みつけるなど、目を背けたくなるほどの暴行が執拗に続いた。中国メディアによると、負傷した女性四人のうち重傷の二人は集中治療室（ＩＣＵ）に運び込まれた。

凄惨な暴力の一部始終がかなり鮮明に映っていたこともあり、この衝撃的な映像は瞬く間にネット上で拡散した。事件への怒りが広まり、微博では一二日までに関連する書き込みが三〇億回も閲覧された。怒りの声は主に女性から上がった。

「女は自分の安全に気をつけなければいけないと言われてきた。しかしこんな社会でどうやって安全を守れるのか」

当時、こんな内容の匿名の書き込みが繰り返し転送された。中国共産党機関紙「人民日報」の公式微博も「（男たちの暴力は）法律に触れるだけでなく、社会秩序と大衆の安全感を脅かす。できるだけ早く法に基づいて処理し、暴力を振るったものに重い対価を払わせるべきだ」と徹底した捜査を求めた。

警察の対応は早かったといえる。発生翌日には、事件に関与した男女九人を逮捕した。

さらに同市が一三日に治安改善のための特別キャンペーンを行うと発表すると、多数の女性らが同様の被害を訴えるため警察に押しかける事態となった。

逮捕者の一部は、中国で「黒社会」と呼ばれる反社会的組織とつながりがあるとされる。中国ではとくに地方都市で、なおも黒社会が幅を利かせる。ネット上では黒社会と警察との癒着を指摘し、警察の取り締まりが甘いという批判もあった。一三日には、中国最高人民検察院（最高検）が「深刻な暴力や黒社会に関わる犯罪など、民衆の安全感に影響する犯罪」を取り締まるよう指示した。

†「男対女」で展開した論争

しかし女性運動家の呂頻氏は、米政府系メディア「ラジオ・フリー・アジア」の取材に、当局の厳しい取り締まりは「世論を静めるためのものにすぎない」と厳しいコメントを残した。ネット上での怒りの声も収まらなかった。少なからぬ人々が、事件の背後に女性を下位のものと見なす差別的な意識があると読み取ったためだ。

ある女性運動家は当時、「セクハラ的な行動が拒絶され、男が激昂したことが事件のきっかけであり、女性の拒絶を侮辱と受け止める男の心理が根底にある」と批判が収まらない背景を解説した。上海が拠点のメディア「澎湃新聞」も過去の裁判記録を調査し、中国では近年、女性が男からのナンパなどを拒否した結果、暴力に遭う事件が極めて多いと報道した。この報道は、男が飲酒後、知り合いではない女性に対してナンパやセクハラ的な行動をとり、拒絶されたために激昂するという共通のパターンがあるとも指摘する。ネット上では「女性にとって安全な場所は中国にはない」など、女性への暴力が後を絶たない現状への嘆きも目立った。

ところが、女性差別に関わる問題ではなく、単なる暴行事件として処理したいという当局側の意図は鮮明だった。事件と女性差別を結び付ける書き込みなどはネット上から次々に削除された。微博では事件翌日、事件に関連して「男女間の対立をあおった」として二六五アカウントが閉鎖などの処分を受けた。政府寄りの著名インフルエンサーである司馬南氏は「唐山事件について、女権とか男権とかいった解釈をするべきではない」と主張し、保守的な論調で知られる「人民日報」系の中国紙「環球時報」の胡錫進前編集長も「女を守ることは男の天性だ」などと女性差別の存在を否定した。

ネット上の論争は「男（と官製メディア、当局）」対「女（が牽引した一部のネット世論）」というような構図で展開された。中国メディアの元女性記者は当時を振り返り、「中国の女性が自身の置かれている状況への憤慨と不安、そうした不安が理解されないことへの絶望と無力感が爆発的なネット世論となった」と話した。

自らが置かれた環境に憤り、性差別という視点から世の中全体を批判的にみる――。このような女性が一部にとどまらず、相当なボリュームで中国に存在することが、この事件をめぐる議論を通じて明確になったといえる。

†「鉄鎖女」事件の衝撃

二〇二二年には唐山事件に先立ち、もうひとつ衝撃的な事件が明らかになっていた。山東省に近い江蘇省の農村に住んでいた「首に鎖をつながれた八人の子どもの母」だ。日本でも一部で報道されたので、記憶にある読者もいるだろう。

この事件も一本の動画から始まった。北京冬季五輪を目前に控えた二二年一月二七日夜、慈善活動家とされる男性が撮影した動画が瞬く間にSNSで拡散した。江蘇省徐州市豊県董集で撮られたとされる動画には首に鎖をつながれ、農村の寒々しい小屋に閉じ込められた女性が映る。女性は真冬にもかかわらず薄着で、歯はほとんどない。撮影した男性は食べ物を与えて、コートを着せたが、女性は話が不明瞭で意思疎通も難しい。精神疾患があることがうかがえる。

女性の夫とされた五〇代の董志民氏は「子だくさんのパパ」として地元ではちょっとした有名人で、地元企業の広告にも出ていた。映像の撮影者はこの家庭をネット上で紹介しようとして現地を訪れたとみられるが、おそらくここまでの悲惨な境遇は想定していなかっただろう。ちなみに中国のネット上では当時、貧しい農村などを訪れて衣服や金を恵む動画が珍しくなかった。慈善活動というよりネット上での閲覧数を稼ぐ目的とみられる動画も少なくない。この動画の意図は不明だが、奴隷のような悲惨な境遇の女性を放置してきたとして地元当局への非難が噴出した。当初から、女性は人身売買の被害者で無理やり子どもを産まされたのではないかと見られていた。

批判を浴びた地元当局は当初、人身売買を否定して「女性には精神疾患があり、子どもを殴ることがあった」との調査結果を公表したが、鎖などによる拘束を正当化したとしてさらなる批判を招き、当局を批判するネット世論の火に油を注いだ。当初は「県」(市より小さい行政単位、日本の郡に近い)が調査していたが、調査を行う行政レベルは県から市へと上がり、さらに最終的には江蘇省が「党中央の指示」によって調査に乗り出した。北京冬季五輪の祝祭ムードに影響が出はじめ、火消しに躍起となったとみられるが、ネット世論が当局を動かしたともいえる。

江蘇省は、地元当局の最初の発表から数えて通算六回目の発表で、延べ四六〇〇人に及ぶ関係者への聴取やDNA鑑定などの結果として、女性は雲南省の少数民族リス族出身の小花梅さん(四四)と結論づけた。発表によれば、小さんは一九九八年に地元から連れ去られて三回にわたって売られた末に董氏のもとにやってきた。董氏のほか売買に関わった男女ら計九人が逮捕・拘束され、地元政府幹部ら一七人が処分された。二〜一三歳だった子ども八人は、DNA鑑定によって女性と董氏の実子と確認された。

†判決への批判

国営新華社によると、二〇二三年四月、徐州市中級人民法院（地裁に相当）は、董被告を含む六人に懲役八〜一三年の判決を言い渡した。董被告に対しては虐待罪で懲役六年六月、違法監禁罪で同三年とし、併合罪の規定で同九年の判決となった。判決や発生当初の発表などをまとめると、一連の事件はおおむね以下のような経緯だったとされる。

小花梅さんは一九九八年の年初、雲南省の村から誘拐され、五〇〇〇元（約七万五〇〇〇円）で江蘇省の男に売られたが、同年五月上旬に行方不明になった。その後、約二〇〇キロ離れた河南省の飲食店で「流浪」していたところを店の経営者夫妻に拘束され、同年六月に再び売られて豊県にたどりついた。三〇〇〇元で小さんを買ったという男は、董被告の父（故人）に五〇〇〇元で転売した。董被告の父は当初から息子の嫁にする意図で買ったとされ、九八年に正式な結婚の手続きも行っている。

小さんと董被告の間には、九九年に長男が誕生し、その後、二〇一一〜二〇年の間に七人が生まれた。小さんは董家に来た当初は自分で身の回りのことができ、コミュニケーションも可能だったが、第二子を産んだころから精神障害が悪化し、とくに一七年に第六子を産んだあとに悪化が加速した。一七年七月から董被告は、鎖や縄で小さんを拘束するようになり、食べ物を十分に与えず、水や電気がなく、日が当たらない劣悪な環境に置いた。小さんは精神分裂症（統合失調症）と診断された。

しかし判決に対して再びネット上で批判の声が上がった。矛先は、とくに董被告が虐待罪と違法監禁罪のみで有罪となったことに向けられた。理由は二つある。

一つは、董被告が人身売買罪に問われなかったことだ。中国では人身売買の買い手側の罰則は「三年以下の懲役」と定められている。最高刑が五年未満の罪は公訴時効が五年と定められ、董被告は人身売買については起訴されなかった。一方、人身売買の売り手側は死刑が最高刑だ。最高刑が死刑か無期懲役の罪は、二〇年の時効を過ぎていても罪状が悪質である場合は起訴できる。新華社によると、この事件で人身売買の売り手側の五人はこの規定に従って起訴された。なお、同じく売り手側だった他の二人については「罪状が比較的軽微」として起訴されなかったという。

中国では人身売買の買い手側の罪が軽いことにかねて批判があり、この事件が発覚した直後からあらためて注目が集まっていた。判決を機に買い手側の量刑を引き上げるべきだという議論が再燃した。世論に押される形で、将来的に法律改正などにつながる可能性もありそうだ。

もう一つの理由は、董被告が強姦罪に問われなかったことだ。小さんは精神疾患が悪化したという一七年以降も出産しているにもかかわらず、判決に関する官製メディアの報道は強姦罪について触れていない。北京の人権派弁護士は「強姦罪に問われなかったのは、婚姻関係が有効であるという前提に基づく。強姦を繰り返して何人もの子どもを産ませたということは、事件の重要な部分ではないか」と憤る。判決文の全文が公表されていないため（この点についても批判が出ている）、推測となるが、裁判所は董被告と小さんとされる女性の結婚の有効性について正面から検討していないとみられる。少なくとも結婚が無効という判断は下していない。

なぜ当局は強姦罪での立件を避けたのか。この弁護士は「人身売買によって連れてこられ、むりやり結婚させられた女性は中国の農村にかなり多い。この結婚を無効と判断すれば、結婚の無効を訴える人身売買被害者が大量に現れ、影響が大きくなりすぎるのを恐れたからではないか」と話し、習近平政権が重視する「社会の安定」を優先した結果と推測する。

後に述べるように、実際に人身売買の被害者は中国社会に大量に存在する。この問題に詳しい識者は取材に「もっとも恐ろしいのは、何十年間も、(小さんとされる)女性のような存在を誰も問題だと考えず、誰も彼女を救わなかったことだ」と話した。近所の人たちや行政が女性の存在に気づいていなかったとは考えにくいとの指摘だ。そもそも「人身売買で買われてきた嫁」という存在を問題視する視点がなかったとみられる。

†続く隠蔽と宣伝

判決に合わせた新華社の報道によると、小さんは二〇二三年春時点でまだ入院を続けている。病院は投薬や心理カウンセリングによって回復訓練を行い、上海や南京などの専門家を招いた診察を一八回も行ったと伝える。二人のヘルパーが日常生活を支え、回復傾向にあるが、なおも認知障害がある。女性の長男は新華社の取材に「母は、入院した去年(二二年)は私のことがわからないこともあったが、今は私と認識して名前も呼ぶ」と話す。小さな子どもについては地元政府や村内の親切な人々が生活などを援助しているという。

しかしネット上では、「夫」とされた董被告に代わって政府が小さんとされる女性を拘禁するようになっただけ、という厳しい批判も散見される。官製メディアの報道を疑う声も消えていない。当該の女性が小花梅さんではなく、一九九六年に一二歳で行方不明となった四川省の少女ではないかという見方もくすぶる。もし女性がこの少女であれば長男の誕生時にはまだ一五歳前後だったはずだ。社会にもたらす事件の衝撃はさらに大きくなる。

清華大の郭於華教授（社会学）は取材に対し、情報をめぐる「公権力」と市民との関係について、古代ローマの歴史学者がとなえた「タキトゥスの罠」という言葉で解説した。当時、中国のネット上ですこし話題となっていたこの言葉は、人々が政府への信用をなくし、政府が何を言っても信用されない状態をさす。

「タキトゥスの罠は、長い間、情報公開の透明性や言論の自由が欠けているのに加え、公権力が自分の言葉のみが真実で正しいと主張し、強迫的な方法で民衆に信じさせようとしてきたことによって生じる。歴史や真理を隠蔽し、真理を追究する人の迫害を続ければ、結果として、個々の情報が正しいかどうか確かめるすべがなく、人々は誰も信じられなくなる」

郭氏は直接、中国政府を批判したわけではないが、それが念頭にあるのはあきらかだろう。

実は、一四年には習近平国家主席自身がこの言葉を使っている。河南省を視察した際に「一部の党員・幹部の形式主義や官僚主義が党の信用を傷つけている」と語った。しかし「罠」は習政権そのものが招いたといえそうだ。

隠蔽と宣伝は続いている。事件の発覚直後の二月上旬には、後に小さんとされる女性を支援しようと女性二人が現地の村を訪れ、その様子を微博で伝えた。女性が収容された地元の病院を訪れようとしたが、当局者によって村から追い出された。さらに自宅に戻って四日後に当局に拘束された。二人のうちの一人はその後、一時的に自宅に帰された後に同年三月上旬に再び行方がわからなくなり、家族には逮捕された旨の通知があったという。二三年末までに釈放されたとみられるが、裁判などの詳しい状況は不明のままだ。

実は複数の中国メディアも、この話題が発覚した直後のタイミングで現地入りしている。関係者によると、あるメディアの記者らは、この事案は当局が遅かれ早かれ必ず厳しい情報統制をしくと予想し、統制が強まる前に現地取材を行った。当日のうちに記事を出そうとしたが、会社の上司からストップがかかり、その数日後には当局から「この件について詳細な取材や報道は控えるように」という明確な指示があった。結局、当該の女性の家族や近所の人々などを発覚後の早いタイミングで直接取材し、背景を深掘りした報道は存在しない。董集村では判決のあった二三年春の時点でも、当局者が外部からの来訪者に目を光らせているとの情報もある。

私も北京五輪が終わった直後の二二年二月下旬に現地に行ってみた。高速鉄道の駅からタクシーで高速道路に乗り、さらに麦畑に囲まれた田舎道を延々と走ると、ようやく董集

江蘇省徐州市豊県董集村の入り口に設けられた検問所で、筆者のパスポートを調べる当局者ら（2022年２月、筆者撮影）

村についた。村の入り口には検問所のような小屋があった。
身分証明書の提示を求められたのでパスポートを見せると、当局者とみられる男たちがぞろぞろと集まり、「外国人だ」と口々にささやく。十数人の男たちは警戒心をむき出しにして「（新型コロナウイルスの）防疫対策で外部の人は入れない」と話した。通り過ぎてきた周辺の村々は自由に入れたと抗議したが、男たちは「帰れ」と厳しい。タクシーの運転手にも厳しい口調でなにかを言っていたが、訛りが強くてほとんど聞き取れなかった。来るときは陽気でおしゃべりだった運転手は顔を引きつらせて「駅まで送る」と言いだし、何を聞いても返事しなくなった。結局、約一二〇キロ離れた駅にとんぼ返りするしかなくなった。この間、当局の車二台がぴったりと尾行し、私が駅の改札を通るまで当局者がじっと見ていた。残念ながら村の取材はほとんどできなかった。

この事件が中国の女権運動に与えた影響は大きい。そもそもこの事件がこれほど注目されたのは、「首に鎖をつながれた八人の子どもの母」という事案の衝撃性のみならず、その背後にある女性差別に怒りの声を上げた女性たちの存在があったからだ。中国において女権主義が無視できない影響力を持つことを、中国当局も含む多くの人々に印象づけた。

しかしこの事件が中国の女権主義に残したのは達成感ではなく、敗北感や挫折感、閉塞感だろう。事案の真相はなおも闇の中にあり、当事者の女性に平穏な生活が訪れたという話も信じがたい。現地を訪れた女性らは厳しい弾圧を受けた。差別に対してささやかな抗議をすることも、不幸な境遇にある人を支援することもかなわない。二二年春から夏にかけ、上野千鶴子教授の本が売れる一方で、中国の女権主義を支持する人々の多くは挫折感も抱いていた。

3　人身売買と彩礼

江蘇省での事件を機に、中国で人身売買への関心が改めて高まった。「(北京冬季五輪の金メダリスト) 谷愛凌には一〇億回生まれ変わってもなれないが、一発殴られれば小花梅になる」。ネット上で広まったこの言葉には、激しい貧富の格差や女性が売買の対象となる現状への憤りがこめられている。

中国統計年鑑によれば、「婦女児童の誘拐・売買事件」は二〇一三年には二万件以上が発生していた。減少傾向は顕著だが、二〇二〇年も約三〇〇〇件が起きている。清華大学などの研究チームが一〇〇〇件以上の裁判記録を分析した研究によると、女性が被害者となる人身売買事件のうち九割近くが、妻にする目的で買う「強迫婚姻型」だという。女性を買ってきてでも結婚しなければならないという考えの強さに加え、女性が売買の対象となるような低い立場に置かれている現状が浮き彫りになる。

被害者に目を向けると、三分の一以上がベトナム、ミャンマー、北朝鮮などの外国人、三割近くが江蘇省の事件と同じような「精神疾患のある中国人女性」、残りが「健康な中国人女性」とされる。外国人や精神疾患のある女性の比率が高いのは、逃げ出す可能性が低いためと推測できる。そうでなくても一〇代後半の年端もいかない女性の場合、故郷から遠くに連れてこられてしまえば逃げ出すのは容易ではない。中国の農村はともかく広く、どこまでも田畑が続く。方言差が大きいため言葉も通じない。中国のネットメディアの記事によれば「逃げ出せばもっとひどい場所に売ってやる」と脅されるケースも少なくないという。無理矢理にでも子どもを産ませてしまえば、徐々にあきらめるだろうという打算も見え隠れする。

いくつかの裁判記録をみてみよう。まず陝西省眉県の男（六六）が二二年一一月に人身売買の買い手側として懲役一年二月の判決を言い渡された事件だ。判決によると、長年一人暮らしだったという男が寂しさに耐えかねて知人（故人）に相談したところ、この知人は一八年春、かねて行方不明となっていた「精神病を持つ女性」を西安市の路上でさらい、わずか一〇〇〇元（約二万円）で男に売った。女性は二〇年春まで男の家にいたという。発覚の経緯は不明だが、裁判では近所に住むとみられる人が「男の家の近くで、当該の女性が服を着ないで外にいたのを見た」と証言している。男は二二年六月に人身売買のほか、強姦の疑いでも逮捕されたが、判決では虐待や暴力などはなかったとして人身売買罪のみで有罪となった。

また、二三年一二月には北部陝西省の人民法院（地裁に相当）で、同省から南部雲南省を訪れ、ミャンマー人女性の人身売買に関わった男二人が人身売買罪で懲役二年と同一年六月の実刑判決を受けた。二人は親戚などを通じて知り合った親子に女性を紹介しており、ブローカーのような役割だった。親子は「村には、外国人の妻を連れて帰ってきた人が多い」とうわさを聞いて男らに連絡をとり、雲南省普洱市のマッサージ店で働いていたミャンマー人女性を妻として迎えた。この際、彩礼（結納金）として一六万元（約三二〇万円）を払ったという。ミャンマー人女性は店の主人の妻に「妻を探している男がいるが、どうか」と聞かれて承諾したが、嫁いだ先の陝西省の家が「貧しくてだまされたと思った」といい、警察に助けを求めた。中国の裁判記録を調べると、こうした人身売買事件が無数に見つかる。

北朝鮮女性も被害に

裁判記録には、結婚相手を求める中国人男性に売られた北朝鮮人女性も登場する。脱北ブローカーのほか、人身売買、覚醒剤の密輸まで手がけていたグループが被告となった吉林省延吉市での裁判では、「金を稼ぐため」に脱北した女性「林某」が人身売買の被害者として出てくる。

二〇二〇年一二月の一審と二一年三月の二審判決によると、林某は最初に五万元（約一〇〇万円）で売られ、さらに一〇万元で転売される。夫となる中国人の男（三三）に吉林省長春市で引き合わされ、「これからこの男と生活すると初めて知った」という。実際に金を払った男の父（六三）は「息子に朝鮮の女を買ってやり、結婚させてやりたかった」と供述した。結婚することになった男は「違法なので最初は反感を持ったが、父がもう連れてきてしまい、送り返すこともできないので、彼女と生活することにした」となんとも主体性がない。

前述したように人身売買の買い手側と売り手側では量刑に差がある。この裁判では買い手側の親子は父が懲役一〇月、息子が同六月でいずれも一年の執行猶予がついた。一方、売り手側の男二人は同五年三月と同五年の実刑判決だった。この裁判では「北朝鮮人女性を中国人や韓国人と結婚させて金を稼いでいた」という証言もあり、国境をまたぐ人身売買が常態化していたことがうかがえる。なおこの一連の裁判では、覚醒剤の密輸などにも関わった元脱北者の韓国籍の男（三五）が懲役一八年を言い渡された。中国の司法は麻薬犯罪に厳しいことで知られるが、相対的に人身売買に対する量刑は軽いと感じてしまう。

別の裁判では、脱北者をかくまうために自宅を提供した北朝鮮女性（年齢不明）が懲役二年四月の判決を受けた。この女性は一五年に脱北した際、ブローカーの女に「働きたいか結婚したいか」と聞かれ、「結婚のほうが安全」と考えて結婚を選んだ。同じく実刑判決を受けた中国人の夫（四五）は当時、この女性を四万元で買ったといい、裁判では「妻を虐待したことはない」と誇らしげに供述した。この夫婦は後に脱北を手助けする側となり、逮捕されたようだ。この女性のように中国に落ち着いた脱北者が、後にブローカーとなるケースは少なくないとみられる。

この点については中国南部でも大差はない。この脱北者女性と中国人男性の夫婦は大規模なブローカー組織が対象となった一連の裁判で裁かれたが、同じ裁判にはベトナム人女性も被告として登場する。このベトナム人女性は「一九九八年に誘拐されて中国人と結婚し、子ども五人を産んだ」と供述した。この女性は計二〇〜三〇人の密出国を手伝ったとされ、懲役七年となった。バス停やガソリンスタンドなどから密航者(脱北者だけでなく、故国に戻りたいベトナム人も含むようだ)を拾って、ベトナムに近い場所まで運ぶ役割だった。

ところでこうした裁判記録は中国最高人民法院(最高裁)が運営する「中国裁判文書網」で検索できる。中国メディアによると、二〇一三年から運用が始まり、一億四〇〇〇万件に上る文書を公開する世界最大の裁判文書庫という。実際、非常に便利なデータベースであり、国内外の専門家らが利用している。

中国司法が徐々に進めてきた公開性向上の大きな成果といえるが、ここ数年は急速に後退している。この文書網には二〇年には一九二〇万件の文書が追加されたが、二二年は一〇四〇万件に減り、二三年は五〇〇万件超にとどまった。死刑判決が出された事件や、スパイなどの国家安全に関わる事件、人権派弁護士などの拘束に使われる公共秩序騒乱罪事件、ウイグル族など少数民族の弾圧にかかわる事案などは資料が見当たらない。社会的に関心を集めた著名事件も公開を制限しているとみられ、前出の江蘇省の首を鎖でつながれた女性に関する事件の資料も検索にかからない。

†注目集める「彩礼」

中国のネットメディアなどによると、江蘇省や浙江省、山東省など比較的豊かな地域は、人身売買の買い手側となってきた一方、雲南省や貴州省、四川省などが被害者の供給地となってきた。とくに董集村を含む江蘇省徐州市には雲南省から連れてこられた女性が多く、一九九〇年前後には年間数千人が雲南省から連れてこられて結婚させられたとの報道もある。徐州市は豊かな江蘇省の中では比較的貧しいため、遠くから無理矢理にでも連れてこなければ結婚相手を見つけられないという。先の北朝鮮人女性やベトナム人女性のように、自身も人身売買の被害者でありながら、後に故郷から若い女性を連れてくる加害者側に転じるケースも多いと指摘される。

中国当局も手をこまねいているわけではない。二〇二二年三月の全国人民代表大会（国会に相当）閉幕後、李克強首相（当時）は記者会見で「深刻な女性の権利侵害事件に心を痛め、憤っている」とわざわざ言及した。当時話題になっていた「首に鎖をつながれた女」の事案を念頭にした発言だ。

人身売買への関心は、この数年一貫して注目されている彩礼（結納金）の高騰とも結びついた。人身売買の横行と彩礼の高額化は表裏の関係にあるともいえる。結納金など結婚費用を捻出できず結婚相手を見つけられなければ、どこかでさらわれてきた女性を安く買うしかない、と考える人が存在するからだ。

彩礼は日本の結納金にあたり、結婚の際に男性側が女性側に払うお金だ。中国ではここ数年、彩礼の高額化がネット上で関心を集めてきた。女権ブームの文脈でも彩礼を受け取るべきか否か、彩礼をどう考えるべきかという議論が続いてきた。最近結婚したという中国メディアで働く女性は「彩礼は嫁姑問題と並んで、ネット上で閲読量が稼げる定番のネタ。こんな調査はないけど、中国人の関心のある社会問題のトップ3に必ず入るだろう」と話し、さらに「だれもが頭の中に一つの彩礼地図が入っている」と笑った。

「彩礼地図」とは中国全土の地図にそれぞれの省での彩礼の平均額などを記したものだ（次頁）。中国のネット上では何種類もの地図が簡単にみつかる。たとえば中国のネットメディア「頭条」によると、湖南省や山東省などでは結納金の平均が一〇万元（約二〇〇万

中国の地図に各地の彩礼の平均額を記した「彩礼地図」（投資コンサルティングなどを手がける「挖財」のサイトより）

円）を超え、福建省と浙江省では二〇万元以上という。一方、北京は三万元、広東省も四万元にとどまる。データの出所が不明の「彩礼地図」も少なくないが、福建省や山東省、浙江省など上位の顔ぶれはおおむね同じだ。国家統計局によれば、二二年の農村での一人あたり年間可処分所得は二万元をわずかに上回る程度だ。東京と同じかそれ以上の物価水準である北京や上海などならともかく、農村の男性にとって結納金は年収の何倍にも相当し、大きな負担となる。

二二三年春ごろには、中央政府のシンクタンク、国務院発展研究センターの李佐軍研究員が発表した研究が、中国メディアで広く引用された。ビッグデータを駆使したというこの研究によると、二〇〇〇年以降、全国であった婚姻のうち七九％で彩礼が支払われた。八九％の山東省を筆頭に、河北、広東、安徽、甘粛などの省はこの比率が高く、一方で三七％の上海や五一％の北京などが低い。このほか新疆ウイグル自治区やチベット自治区などの少数民族地域も比較的低く、漢民族と文化が異なることが要因とみられる。彩礼の平均額は浙江省で二二万元、福建省が一九万元と高額である一方、北京は六万元だった。

さらにこの研究によると、結婚当事者の女性側は「男性側の誠意の表現」などとして六一％が彩礼を重視する一方、男性側は一五％しか重視していない。彩礼の額などを巡る意見の食い違いによって婚約が破談になったり、結婚後も家庭内不和の原因になったりすることは「一般的」であり、四〇％以上の家庭が彩礼を発端とする不和があったという。男性側が彩礼を払えずに相思相愛の男女が結婚できず、男女のどちらかが自殺したり、事件を起こしたりする悲劇が定期的に中国メディアを騒がす。

†彩礼の高額化

中国政府は彩礼を「俗習」「因習」などと呼んで規制しようと躍起だが、高額化は政府の政策によって生じた予期せぬ副産物という側面もある。彩礼の高額化は二〇〇〇年代から始まり、問題として広く認識されたのは一〇年代に入ってからだ。かつて中国人がまだまだ貧しかった二〇〇〇年ごろまで彩礼の多寡は誰も気にしていなかったという。別の取材で知り合った河北省の五〇代の女性は、一九九〇年前後に結婚した際、彩礼は「米一袋」だったと笑った。この女性は「昔は彩礼なんてすごい田舎の因習というイメージだった」とも振り返る。

高額化をもたらした要因の一つは一人っ子政策だ。よく知られているように、中国では一人っ子政策によって人口の男女比が不均衡となった。二〇年に実施された第七回国勢調査によると、男性は女性より約三五〇〇万人も多い。一人っ子政策は一九八〇年代から厳格化された。彩礼の高額化は、この時期以降に生まれた世代が結婚適齢期を迎えたタイミングと一致する。

これに二〇〇〇年代から本格化した経済発展が加わる。都市化が進んで多くの女性が経済の発展した都市に向かうが、家を継ぐ男性は農村にとどまる。中国では都市戸籍と農村戸籍の差は大きい。そのため中国の結婚市場では、都市戸籍を持つ男性は引く手あまたとなる一方、農村の男性は圧倒的に不利となり、多額の彩礼を積まなくては結婚相手を見つけられない。貧しい家庭の男性ほど多額の彩礼が必要になるため「結婚によって貧困化する」(李研究員)という現象が往々にして生じる。

先の李研究員は中国メディアの取材に「経済社会の構造の変化に伴う金銭至上主義の思

想が影響している」と話す。中国メディアは「結婚の市場経済化」「結婚の物質化」などという表現も使う。高額の彩礼によって成立する結婚が、女性を売り買いする事実上の売買婚である――。こうした指摘は中国国内でも少なくない。

一方、女性の父母は、長年育てた娘を嫁がせる「経済的保障」として彩礼を受け取り、自身の老後の生活資金に充てることが多いという。中国では社会保障制度が事実上、都市戸籍と農村戸籍で切り離されている。農村では社会保障が極めて貧弱という事情も、彩礼の高額化の背景にある。

彩礼の多寡は女性の親のメンツにもかかわるという事情もある。女性側の家庭がほかの家庭が受け取った額と比較して「うちの娘はなぜこんなに少ないのか」と高額な彩礼を求めるケースが少なくないという。女性の父親が金額にこだわって話がこじれたものの、最終的には女性の母親などがなだめて話がまとまるというパターンはよく聞く。

以上がおおむね李研究員の研究に沿った彩礼高額化の理由だが、分析から抜けているのは、農村のみならず、上海や北京など大都市でもかなりの比率で彩礼が支払われていることの理由だ。彩礼はすでに「田舎の因習」ではない。この点について、最近結婚したという先の女性（北京在住）は「わたしの結婚でもやっぱりもめた」と笑い、高額化の別の要因として、離婚時の条件が女性側に不利だと認識されていることを指摘した。中国の離婚率は日本よりも高く、二〇年は五三％に達した（ただし、離婚手続きのハードルが上がった二一年には離婚件数が大幅に下がった）。一方で、離婚時には家事などの家庭内労働は十分に考慮されず、財産分与が女性側に不利と指摘される。そうしたなかで「彩礼は将来の離婚に備えた資金」（同女性）という性格も帯びてきているという。

†男女間の対立の火種にも

李研究員は、彩礼をはじめとした結婚費用の高額化がとくに農村の若い男性にとって結婚への最大の障害になっていると分析する。後に詳しくみるように、中国では婚姻件数が急速に減っており、少子化の一因と指摘されている。男女ともに結婚しないことにはさまざまな理由があるが、男性側はまず彩礼の高額化をやり玉にあげる。ネット上では「女が金にがめついからだ」などと女性側への非難があふれている。彩礼は、中国で先鋭化する男女間の断絶や意見の衝突の最前線ともいえる。

中国政府は、彩礼の高額化が婚姻件数の減少と少子化の一因と認識している。二〇二一年五月に公表された中国共産党中央と国務院による「産児政策適正化と長期的な人口の均衡と発展に関する決定」は、すべての夫婦に三人目の子どもの出産を認めた。決定は「結婚に関する因習、高額な彩礼など社会の不良な気風に対する管理を行う」とも言及した。

党中央政治局会議はこの決定を出した際、「人口高齢化への対応は、高い質での経済発展を実現し、国家安全と社会の安定を維持する重要な措置だ」として少子高齢化への強い危機感を示した。

中国共産党と中国政府が毎年初めに発表する「一号文書」でも、二三年にはこんな表現があった。「高額な彩礼や冠婚葬祭を派手に行うことなど重点領域の問題をとくに管理する」。一号文書のテーマは〇四年以来、二〇年連続で三農（農業、農村、農民）問題であり、共産党政権が食料確保を重視していることが伝わる。一号文書での彩礼への言及は過去にもあったが、二一年からは三年連続となる。また二三年の一号文書には前年に続いて「農村の婦女児童の権利を侵害する違法犯罪行為を厳しく取り締まる」という表現もあった。彩礼と人身売買が同一線上で取り上げられているといえる。

共産党政権は、彩礼高額化の対策として規制や宣伝工作の強化を重視する。しかしこの章で触れたように、高額化の原因は、男女間の人口の不均衡や、農村での貧弱な社会保障、女性側が不利となる離婚時の条件など多岐にわたる。次章でみるように共産党政権は、現代化した社会における女性側のニーズをうまく拾い上げているとはいえない。彩礼の高額化についても残念ながら同様の構図となっている。

4　経済力を盾に

†中国側の完全勝利

あまりにあっけない幕切れだった。中国のプロテニス選手彭帥さん（三五）が二〇二一年一一月に、張高麗・元副首相（七五）に性的関係を強要されたと告白した後に一時消息不明になった事案だ。彭さんの無事の確認と徹底した調査を求めて中国での大会開催を見合わせていた世界女子テニス協会（WTA）が二三年四月、一転して九月から再開させると発表したのだ。もちろん調査結果の公表などは行われておらず、世界の耳目を集めた中国とWTA（とそれを支持した人々）との一年四カ月にわたる駆け引きは、中国側の完全勝利で終わった。ここでは彭帥さんの事案を通じ、国外からの圧力に一歩も譲らない中国共産党政権の強硬姿勢や徹底した情報統制を浮き彫りにしたい。

WTAは二三年四月一三日の声明で「状況は変わる兆しがなく、私たちは（徹底調査などの）目標を完全に達成することはできないと判断した」とあっさりと白旗を揚げた。彭さんとは直接連絡をとれていないと認める一方で、北京で家族と安全に暮らしていることを確認したと強調した。二一年の年末以降、北京冬季五輪が開かれた二二年二月ごろまで日本の各メディアも大きく扱ったが、「WTA白旗」のニュースは扱いがかなり小さかったため、気づかなかった読者も少なくないだろう。

WTAのスティーブ・サイモン最高経営責任者（CEO）は決定の背景に経済的な動機があったことを隠さない。英BBCの取材に、決定は商業的な現実によって強制されたものではないが、中国での大会開催を中断したことによって「多くの犠牲を払った」と認める。さらに「再開を支持しない選手もいたが、大部分の選手は戻るべきときだと話した」と明かした。賞金額の大幅な減少などが懸念されていたためとみられる。米紙「ニューヨーク・タイムズ」によると、コロナ前の一九年にWTAは中国で九大会を主催し、WTAの年間収入の三分の一を占めた。二三年九月から中国での大会が再開されることにより、シーズン終盤戦はコロナ前と同様に中国に集中することになった。実際に九月と一〇月に中国国内で計七大会が開かれた。

大会再開の決定には当然、人権団体などから失望の声が広がった。国際人権団体「ヒューマン・ライツ・ウォッチ」の中国担当者は同紙に「金が問題となったのは驚くにはあたらない」と語り、「中国政府に対して単独で立ち上がればコストが高くなり、力は小さい」とも指摘した。同じく国際人権団体の「アムネスティ」はBBCに「彭さんが本当に無事で自由であることについて、独立して検証可能な証拠はない」と断じ、「WTAが中国に戻ることは、この国での性暴力被害者が直面している構造的な不正義を永続化させるリスクがある」とも訴えた。

†情報統制

まさに「中国政府にとって大きな勝利」（「ヒューマン・ライツ・ウォッチ」）だったが、中国国内での報道はかなり控えめだった。中国では厳しい情報統制がしかれたため、そもそもこの事案はなかったことになっているからだ。テニス専門メディアなどは中国での大会再開をそれなりに大きく伝えたものの、その前段として「なぜ大会が開催されていなかったのか」は書くことができない。新型コロナの影響をにおわせるような事実と異なる記述か、あるいは奥歯にものが挟まったような記事となり、中国の読者が疑問を抱かないのか不思議になる。一方、習近平総書記が三期目をスタートさせた二〇二二年秋の中国共産党大会では、張高麗氏はひな壇の最前列に座り、習氏の演説に盛んに拍手を送っていた。彭さんとの件は不問のようだ。

そもそも二人に何があったのか振り返ろう。

始まりは二一年一一月二日夜、微博への彭さんの投稿だった。わずか三〇分ほどで削除されたが、投稿は海外のSNSなどに転載された。彭さんはダブルスで世界ランキング一位になったこともある有名人であり、張氏はすでに引退していたとはいえ、共産党最高指導部である政治局常務委員に名を連ねたこともある権力者だ。中国当局が情報統制に躍起になるのも無理はない。

徹底した情報統制を受けて中国メディアなどは一切報じず、大部分の中国人は今もこの件を知らない。彭さんと張氏の関係に関して、まとまった公開情報は、後にも先にも彭さんの書き込みだけだ。

書き込みは不明確な部分も多いが、おおむね以下のような経緯は理解できる。二人は、張氏が天津市トップの党委書記だった時期（〇七～一二年）に不倫関係にあったものの、張氏が最高指導部入りした後は関係が一時途絶えた。

一八年に事実上引退した張氏はある日、再び彭さんに連絡をとった。彭さんは投稿で「午前にテニスを終え、あなた（張氏）と奥さんは私を自宅に連れていった。それから私を部屋に入れ、十数年前の天津のときと同じように性的関係を要求した」とつづった。部屋の外では誰かが見張っており、同じ屋根の下には張氏の妻がいた。彭さんは、張氏が七年間も音信不通だったにもかかわらず、突然、性的関係を強要しようとしたことを憤り、このときは「ずっと泣いて同意しなかった」という。ところが、妻も交えて一緒に夕食をとった後、「私は怖くて混乱し、七年前のあなたへの感情もあり同意した。そう、私たちは性的関係を持ったのです」と記す。

　書き込みによれば、二人の関係は張氏から連絡がきて彭さんが密かに自宅を訪れるかたちで続き、張氏は彭さんが録音機などを持ち込むことを極度に恐れていた。さらに二人の間に金銭や利益供与がなかったこと、彭さんが張氏の妻から何度も侮辱されたことへの恨みなどが記され、最後になって彭さんがこの告白をした動機が示唆される。「（おそらく一〇月の）三〇日夜に言い争いが激しくなり、あなたは（一一月）二日午後にまたゆっくり話そうといった。ところが今日（二日）電話してきて、用事ができたからまた連絡すると言った。七年前と同じようにあなたは突然、「消えた」。遊び終わり、いらなくなったから、（私を）捨てたのだろう」

†説明要求

　問題は、欧米メディアが「レイプ」と表現したような事件があったか否かに加え、彭さんがこの後に一時、消息を絶ったことだ。彭さんが当局の監視下に置かれているのではないかと懸念が広がり、ツイッター（X）には「Where is Peng Shuai?」というハッシュタグがつくられ、女子テニスの大坂なおみ選手らが次々と彭さんの無事を願うツイートをした。男子世界ランキング一位だったノヴァク・ジョコビッチ選手も「問題が解決しないまま、中国で試合がおこなわれるのはおかしい」との声明を出した。とくに欧米メディアは、彭さんの告白をMeToo運動のひとつとして位置づけ、それを弾圧して隠蔽する中国当局という構図で大きく報道した。

説明要求は広がった。ジェン・サキ米大統領報道官（当時）は記者会見で彭さんの状況を「深く懸念している」と表明し、「中国は批判を一切許さず、声を上げた人を黙らせてきた」と非難した。英外務省や国連人権高等弁務官事務所も報道官が相次いで懸念を表明し、徹底した調査などを求めた。

こうしたなか、WTAは同年一二月一日、中国での大会開催を見合わせると発表した。サイモンCEOは「彼女の自由と安全、そして検閲や強制、脅迫を受けていないかについて重大な懸念を抱いている」と非難した。さらに「経済的な影響があっても」と強調した上で「彭帥さんやすべての女性に正義がもたらされるように世界中のリーダーが声を上げ続けることを願う」と訴えた。

この時、WTAとサイモン氏は、中国の人権侵害に抗して女性の権利を守るヒーローとなった。元著名選手のマルチナ・ナブラチロワ氏が「お金より原理を大切にした勇気ある姿勢だ」と賞賛し、多くのテニス選手が支持を表明した。「ニューヨーク・タイムズ」は

「世界のスポーツ界の指導者が中国とその経済的影響力に叩頭（原文は英語でkowtow。土下座して頭を地面に付け、忠誠を表す動作）するなか、WTAの動きは強いメッセージとなった」と評価した。

中国側も無為無策だったわけではない。二一年一一月一八日には中国の海外向け放送、「中国国際テレビ（CGTN）」が、彭さんがWTAに宛てたとするメールを公開した。メールは性的暴行の被害と自身の安全が脅かされているという指摘を否定するもので、中国側が幕引きを図ったとみられる。三日後の二一日には中国紙「環球時報」の胡錫進編集長（当時）が、彭さんが北京市内の四川料理店で知人らと食事する映像をツイッターで公開した。彭さんが無事であると主張する目的とみられ、映像には「今日は何日だっけ？」というわざとらしいやりとりもある。さりげなく店名も映り、まるで外国メディアの記者に「確認してきなさい」と言っているかのようだ。

実際に行ってみると、女性従業員が「わたしは見ていないが、同僚が彭さんを接客した」とあっさりと認めた。蛇足だが、この店は普段から行列ができるほどの超人気店だ。取材のついでに同僚らと食事すると、たしかにおいしくて値段も庶民的だった。彭さんは、四川省と同じく辛い料理で有名な湖南省出身でもある。

一連の中国側の発信は、中国国内からは基本的に閲覧できない海外のSNSなどを通じて行われた。中国国内ではこの件は一切報じられていないため、反論も国外向けのみとなる。彭さんは同年一二月下旬にはシンガポール紙「聯合早報」の取材に「わたしはずっと自由です」と話したが、やはり中国メディアではない。

飛び火

事態は開催を翌二二年二月に控えていた北京冬季五輪にも飛び火し、「ニューヨーク・タイムズ」は社説で「中国が開催することが適正か、根本的な疑念を抱かせる」と主張した。一二月に入ると米国を皮切りに、閣僚や政府高官らを派遣しない「外交ボイコット」を表明する国が相次いだ。少数民族ウイグル族への弾圧が主な理由だが、彭さんの件も影響したのは間違いない。習近平政権にとっては、五輪に泥を塗りかねない頭痛の種となった。

サイモン氏と対照的だったのは、国際オリンピック委員会（ＩＯＣ）のトーマス・バッハ会長だ。テレビ電話で彭さんと通話したと発表し、「北京の自宅にいて安全で健康だ」という彭さんの言葉を伝えた。中国当局には、彭さんを巡る疑惑を打ち消す狙いがあったとみられ、バッハ氏はそれに手をさしのべたかたちとなった。ＩＯＣ側も、五輪開催の妨げとなりかねない事案の沈静化を図る思惑があり、中国側と一致したとみられる。

バッハ氏は二月の五輪開催中には北京市内で彭さんと会食したと発表した。北京冬季五輪は、選手や関係者らを外部から極めて厳格に遮断するバブル方式で行われ、バブル内に入るには二〜三週間の隔離が求められた。おそらく彭さんはバッハ氏との会食のみのために隔離生活を送り、中国当局とIOCの宣伝に利用されたのだろう。

ともかくも北京冬季五輪は終わり、国際社会の関心は五輪直後に始まったロシアのウクライナ侵攻に移った。彭さんへの関心も急速に薄れたが、その間もWTAは中国での大会開催を見合わせていた。もっともコロナ禍の影響があり、いずれにしても中国では大会を開催できない状況だった。WTAの対中強硬姿勢はポーズにすぎなかったともいえる。

そして中国でも二二年末、厳しい行動制限を伴う「ゼロコロナ」政策がようやく終わり、中国も含めた世界全体がアフターコロナの時代に入った。WTAが中国での大会再開を発表したのはそんな矢先だった。コロナ後の経済回復の波に乗り遅れたくないという思いが透けてみえる。

中国が巨大市場の力を背景に、外国政府や企業、個人に圧力をかけて中国の政治的要求などをのませようとする例が相次いでいる。近年でもオーストラリア産ワインの事実上の禁輸から、ナイキやH&Mなどが新疆ウイグル自治区での強制労働に対する懸念を表明したことで不買運動の標的になった件や、バスケットボールの元NBA選手が台湾を「国」

と呼んで釈明に追い込まれた事案まで枚挙にいとまがない。果敢に中国に立ち向かったWTAも最後は膝を屈した。

言うまでもなくスポーツ大会も経済活動であり、金と無縁ではない。「金儲けより、大切なものがある」。サイモン氏やWTAはこんな価値観を思い出させてくれたが、この立場を貫くのが決して容易でないという教訓も教えてくれた。彭さんの訴えは、MeToo運動の一環として位置づけられ、世界中から声援が送られたが、中国当局の圧力に握りつぶされた。

第 二 章

なぜ「天の半分を支える」女性を恐れるのか

2022年10月23日、中国共産党の20期中央委員会第1回総会を終え、報道陣の前に登場した習近平総書記（手前左）ら新指導部のメンバー。（写真提供：共同通信社）

1　中国共産党の女性活用

†習政権下で進む女性排除

二〇二二年一〇月二三日正午（中国時間）、北京の人民大会堂に設けられた壮麗な記者会見場に、そろってダークスーツに身を包んだ七人の男性が入ってきた。中国共産党にとってもっとも重要な会議である党大会を終え、その直後に公表された三期目の習近平指導部の面々だ。多様性という価値観に背を向けるように、年齢（当時六〇～六九歳）、民族（漢民族）、性別（男）などの点でかなり同質性が高い。

政治分野からの女性排除は、習政権下でさらに顕著になっている。中国では建国以来、労働力としての女性の活用が進んできたが、習政権下では政治分野にひっぱられるように社会全体での男女平等も後退した。

第二〇回党大会とともに発足した新しい最高指導部＝政治局常務委員会は、習氏の側近で固められた。鄧小平が路線を敷いた集団統治体制の終わりと、習独裁時代の本格的な幕開けを印象づけた。政治に女性を参加させないという傾向も強まった。

二一年に創建一〇〇周年を祝った中国共産党の歴史で、最高指導部入りを果たした女性は一人もいない。今回は政治局常務委員に次ぐ政治局員の二四人にも、女性は一人も入らなかった。中国共産党は男女平等という建前を掲げているだけに、政治局員には一人か二人程度の女性が入るのが定例化していた。下馬評ではその女性枠として、貴州省トップの諶貽琴・省党委書記らの名前が挙がっていたが、ふたを開けてみれば女性はゼロだった。これは二〇年ぶりのことだ。中華人民共和国の建国後、中国共産党の政治局員を務めた女性は六人のみ。第二〇回党大会前まで唯一の女性政治局員だった孫春蘭副首相は、七二歳と高齢のために引退し、政治局から外れた。米紙「ニューヨーク・タイムズ」は「イエスマンのみになり、イエスウーマンすらいない」と皮肉った。

政治局員の下の中央委員は、二〇五人のうち女性が一一人。従来から一人増えて五%をかろうじて上回ったが、女性が少ないことで悪評の高い日本の衆議院議員の約一〇%をさらに下回る。中国共産党の全党員約一億人のうち、女性は約三割を占めるが、組織の上にあがるほど女性比率が低下して男性優位が強まり、最終的に最高指導部ではゼロになるという構造だ。「権力は男のもの」「意思決定は男が行う」と宣言しているかのようだ。

†「女性は天の半分を支える」？

一方で中国は、社会全体では男女平等がかなり進んでいる面もある。「女性は天の半分を支える」という毛沢東時代のスローガンを思い浮かべる人もいるだろう。このスローガンについて、女性問題が専門の中国の大学教授は「毛時代のスローガンではあるが、毛自身が言ったわけではない」と話すが、中国共産党政権は建国以来、「女性の解放」を掲げて労働力としての女性の活用を後押ししてきたのは間違いない。一九六五年五月には共産党機関紙「人民日報」が「時代は変わった。男も女も一緒だ。男の同志ができることは女の同志もできる」という毛沢東の有名な言葉を伝えた。農村の女性問題などに長年取り組んできた謝麗華氏（七二）は、二〇二三年三月八日の国際女性デーに合わせたポッドキャストの番組で自身の歩みを振り返り、「この言葉は私たちの世代の女性を大いに鼓舞した。私の人生も変えた」と意義を語った。

改革開放前の計画経済の時代には「同工同酬」（同一労働同一賃金）を建前として男女の雇用均等が推進され、憲法や労働法には男女平等が明記された。大躍進政策（一九五八～六〇年）や文化大革命（一九六六～七六年）などによる混乱で不足した労働力を補うという意味があったにせよ、結果的に女性が家事労働だけを担うという専業主婦スタイルは中国には定着せず、共働きが一般的となった。かつての計画経済下では家事労働は労働とみなされず、専業主婦＝働けないものとして低い評価を受けたという事情もある。現在も専業主婦は珍しい存在であり、妻が働かなくてもいい富裕層の生活スタイルというイメージがある。政治を除いた社会全体をみれば、中国は日本よりも男女格差が小さい。

複数の人気雑誌で編集長を務めた文化人として知られる女性、洪晃氏（父が大学教授、母が著名外交官の名門家庭出身でもある）は、女権主義について語った講演で「西側諸国が訴訟やデモ、演説、文章を通じて一〇〇年をかけて獲得した男女平等は、中国では共産党によって一夜にして実現した」と指摘した。その上で、共産党からの「贈り物」として男女平等が実現したことにより、「女性への差別は、私たちの文化や社会構造のなかに根深く残ったままだ。一方、西側はこうした差別と一〇〇年にわたって戦ってきた結果、現在の成果を得た」と話した。

一見矛盾したような話だが、共産主義のイデオロギーとして突如として形だけの男女平等が実現したことにより、社会に根ざした男女間の格差や差別には向き合ってこなかったという分析だろう。第一章で触れた上野千鶴子氏の「強制的に実現した男女平等」という指摘とも一致する。なおこの洪氏の講演は二〇一八年に行われ、ネット上では二四年春時点でも見ることができる。しかし後に触れるように女権主義に対する政府の統制は厳しくなっており、同じような内容の講演はすでに難しいかもしれない。

†市場経済化がもたらした変化

社会主義革命の「贈り物」(洪氏)として実現した男女平等は、第一章で上野氏が指摘したように、改革開放政策にともなう市場経済化の波にさらされる。

世界銀行のデータによると、一九九〇年に七三・一%だった一五歳以上の女性の労働参加率は、二〇二二年には六一・一%に下がった。五〇%程度の経済協力開発機構(OECD)加盟国平均や五〇%台半ばの日本よりも高いが、中国の低下傾向は鮮明だ。なお中国では同時期に男性の労働参加率も低下している。これは高学歴化に伴って働きはじめる年齢が上がったことが要因とみられる。女性の労働参加率の低下にも同様の要因があるが、女性の低下率はより大きく、労働参加率の男女間の差は開きつつある。

女性の労働参加率が低下した要因はいくつかある。一九九〇年代から市場経済化が本格化したが、女性の就業を支える制度はあまり重視されてこなかった。国有企業の改革によって企業内の保育所などが廃止されたほか、政府が新卒学生の就職先を割り振っていた制度も過去のものとなった。乳児から受け入れる公立の保育施設はほとんどなく、育児は母親か祖父母が負担するのが一般的だ。女性に対する労働市場での差別的な待遇や男女間の賃金格差も、市場経済化にともなって顕在化した一方、それを規制する仕組みは不十分なままだ。

長年、家庭内暴力などの問題に取り組んできた中国の女性運動の第一人者、馮媛氏は「毛沢東の時代には、社会主義建設のため、あるいは超英趕美（英国を超え、米国に追いつくという当時のスローガン）やソ連との闘争のため、女性を仕事に参加させた」と指摘する。さらに「家庭内労働はマルクス主義の視点に含まれなかったため、家事を男性にも分担させるということは提唱されなかった。女性の負担が増えただけだ」と続ける。結果として中国人女性は当時から、（日本の女性と同様に）仕事と家事の「二重負担」に苦しむことになる。性別に関する伝統的な考え方や制度が変化することはなく、家父長制的な考え方は揺らいでいない。

ところで、中国の男性は家事ができるというイメージは強いのではないだろうか。とくに上海など南方の男性は料理が得意とされ、家庭内では強い女性の尻に敷かれているというエピソードはよく聞く。しかし各種の調査はそうしたイメージを裏切る。たとえば国家統計局が二〇一八年に少数民族自治区などを除いた全国一一の省・直轄市で実施した時間利用調査によると、家事労働の時間は女性が二時間六分、男性が四五分、子育ては女性が五三分、男性が一七分だった。いずれも女性が男性のおよそ三倍だ。この倍率は日本よりは低く、米国や欧州よりも高い水準だ。

†伝統的価値観への回帰

二〇一二年に党総書記となった習近平指導部のもとでは男女平等が著しく後退した。世界経済フォーラムの男女平等ランキングでは一〇年の六一位から二三年は一〇七位に急降下した。なお日本も同時期に九四位から一二五位に落ちている。

理由のひとつは、習氏自身が伝統的な家族観を重視していることだ。習氏は折に触れて以下のような考えを述べている。

「中華民族の家庭の美徳を発揚し、良好な家風を確立するために女性が独特の役割を果たすことが重要だ。夫を助け、子どもを教育し、勤勉で倹約して家事を取り仕切る良妻賢母は、中華民族の優れた伝統文化の重要な一部だ」

これは一三年、共産党の御用組織である中華全国婦女連合会（婦連）の新任幹部との座談会での言葉だ。五年に一度開かれる中国共産党大会の翌年の秋、婦連の幹部が入れ替わり、新しい幹部が時の党総書記に会うことが慣例化している。この席で総書記が講話を行い、女性が大半を占める婦連の新幹部がそれを拝聴する。こんな構図の新華社の報道も同じように慣例化している。

すでに三期目に入った習氏は、この婦連との座談会を一三、一八、二三年の三回経験している。「党の全面的な指導を堅持する」「党中央の権威と集中統一指導を断固として維持する」などと党中央の絶対的な指導に従うように要求する部分のほか、右記のように伝統的な価値観を強調する部分は毎回ほとんど同じだ。これに加え、二三年はこんな表現もあった。

「結婚と出産に関わる新しい文化を積極的に養い、若者の結婚恋愛観、出産観、家庭観への指導を強め、出産を支える政策の整備と実行を促進し、人口発展の質を高め、人口の高齢化に対応する」

少子化に対する危機感がにじむ言葉だ。その原因が若者の「結婚観」などにあり、党の指導を強化するべきという認識も鮮明だ。後述するように中国の若者、とくに女性の間では結婚や出産に対して否定的な考え方が広まっている。党の指導を強化して、伝統的な価値観に回帰させるという少子化対策が奏功するとは考えにくい。「出産を支える政策」にも言及しているが、具体的な内容は見えてこない。

二三年の婦連との座談会について、米紙「ニューヨーク・タイムズ」は「中国は女性を家庭に閉じ込めようとしている」という見出しで紹介し、「(習氏は)女性の家庭内の役割を強調する一方で、労働力としての役割や女性の自己実現には言及していない」と批判的に伝えた。

実際、およそ一五年前の〇八年に胡錦濤総書記（当時）が婦連の座談会で行った講話をみてみると、雰囲気はだいぶ違う。党への忠誠を求める部分と伝統文化を強調する部分がかなり少なく、革命や改革開放、社会主義建設における女性の貢献を評価する記述が多い。

中国での男女平等が後退したもう一つの理由は、冒頭でみたような政治分野からの女性排除が、習政権の政策から女性の視点を奪っていることにもありそうだ。とくに、急速に進む少子化へのちぐはぐな対応ぶりからは、そうした傾向がよくわかる。男性が支配する中国政治は急速な人口減少をもたらし、習氏の掲げる「中華民族の偉大な復興」の足を引っ張る可能性もある。共産党政権の少子化対策については第四章で取り上げる。

2 法制度の改善

†相次いだ法改正

一方でこの数年、中国では女性に関する分野で複数の立法措置や法改正があった。一定の進歩ともいえるが、諸手を挙げて評価することはできない。いくつか代表的な事例をみてみよう。

二〇二一年一月に施行された中国初の民法典ではセクハラに関する独立した条文が設けられた。民法典一〇一〇条にセクハラ行為の法的な定義が盛り込まれ、「他人の意志に反して言葉や文章、図画、身体的行動によって、他人に性的嫌がらせをすること」について、被害者は法律に基づいて民事責任を問うことができると定めた。さらに企業や学校などの組織に対して予防措置と被害への対応を義務づけた。

セクハラを巡っては、二二年一〇月に全国人民代表大会常務委員会で改正案が可決された「婦女権益保障法」でもほぼ同様に定義された。被害者は、自身が所属する組織や政府機関に訴えでることができ、刑事と民事の双方で責任を追及できると明記された。学校に予防措置を求める独立した条項が設けられたのは、中国のＭｅＴｏｏ運動で大学を舞台にした事案が多かったことが影響したと指摘される。前章でみた江蘇省の農村の「首に鎖をつながれた八人の子どもの母」の事案の影響も大きい。同法には改正前から、各級政府や公安、民政などの部門に対して「それぞれの職責に応じて、婦女の人身売買や連れ去りを速やかに発見して報告しなければならない」という規定があったが、これに加えて「解放された婦女の処遇、救助、愛護」についても責任があると明記した。

このほか、少子化に対応するため女性の労働環境を整える目的の規定も大幅に拡充された。たとえば男性優先あるいは男性限定での求人や、出産する意図や子どもの有無を求人の条件にすることを禁じたほか、結婚や妊娠、子育てなどを理由に昇進を制限したり解雇することも禁止した。企業などに対し、セクハラ禁止規定の制定や従業員にセクハラ教育の実施などを義務付けた。

この婦女権益保障法の改正は一八年に次いで三回目となる。わずか四年間という短期間での改正は、この間に中国で起きた女権運動やＭｅＴｏｏ運動の盛り上がりなしには考えられない。改正作業にあたっては草案に対して市民から意見を募るパブリックコメントが二回にわたって実施され、初回は約四二万、二回目は約三〇万の意見が寄せられた。主に華僑向けの国営通信社「中国新聞社」は「近年、もっとも多くの意見が寄せられた法改正のひとつ」と伝えた。

ところで権威主義的な傾向を強める習近平政権は、選挙による民主主義や三権分立を真っ向から否定する一方、「全過程民主」という概念を提唱する。全過程民主とは「過程民主と成果民主、手続民主と実質民主、直接民主と間接民主、人民民主と国家意思の統一を実現したもの」（国務院新聞弁公室）などとされる。一読して意味がわかる読者は多くないだろうし、全過程民主によってどのように人民の声が政治に反映され、習政権がいうように「人民が家の主（国の主権者）」になるのかは理解しがたい。ともかくも、重要な立法や法律改正などの際にパブリックコメントを実施することは「全過程民主」の一つの柱とされる。社会から多様な意見を吸い上げ、政治参加への要求を満たすための取り組みといえるが、実際にパブリックコメントで寄せられた意見が、どのように法律や政策に反映されるかは不透明だ。法改正などを審議する全人代常務委員会での議論は公開されていない。パブリックコメントは単なる不満のガス抜きという側面もありそうだ。

†星星のために

二〇二〇年末に行われた刑法改正で「特殊職責者性的暴行罪」が盛り込まれたことも重要な進展といえる。監護、養子縁組、介護、教育、医療など未成年者を守ったり教育したりする「特殊職責」を負う者が、一四～一六歳の女性と性的関係を持った場合への罰則を定め、三年以下の懲役、情状が重いときは三年以上一〇年以下の懲役と規定された。なお刑法改正前から一四歳未満との性的関係は同意の有無を問わず強姦罪が適用される。

この改正を後押ししたのは、ネット上で集められた署名だ。署名運動は、二〇年四月に複数の中国メディアが報じた「エリート男性による養女に対する性的暴行事件」をきっかけに行われた。署名運動が掲げたスローガン「星星たちのために法改正をよびかけよう」は、複数のメディアがこの事件の被害者を「星星」という仮名で報じたことにちなむ。

事件は上海に本社を置くメディア「澎湃新聞」が最初に報じた。他メディアも含む初期の報道によると、当時一八歳とされた星星は、一四歳になったばかりの一五年一二月から四年間、山東省煙台市に住む養父から繰り返し性的暴行を受けたと訴えた。警察に何度も被害を訴えたが、まともに相手にされず、自殺を図ったこともあった。養父とされた鮑毓明氏（四七）は米中双方で弁護士資格を持ち、石油関連の大手企業幹部でもある。一五年一〇月に、幼いころから祖父母に育てられたという星星を養子に迎えたとされた。

「澎湃新聞」の報道直後からネット上で高い関心を集め、ネット上で立ち上げられたグループが前述の署名運動を始めた。二〇年五月二日から同一一日までに約六万五〇〇〇の署名が集まり、全国人民代表大会常務委員会法制工作委員会に提出された。このグループの関係者は「中国の女権運動史上で最大の署名活動のひとつであり、実際に刑法改正につながった。このような形で人々の声が政府を動かしたという意味で、極めて数少ない成功例といえる」と振り返る。

中国では、教師や養父などが、本来子どもを保護すべき立場でありながら、その立場を利用して性的暴行を行う事案が絶えず、長年にわたって問題視されてきた。とくに農村では両親が大都市に出稼ぎにでて子どもを農村に残す「留守児童」が多く（星星もその一人だったとみられる）、小学校や中学校から寮生活を送ることも珍しくないことが、子どもが被害者となる性犯罪の温床になっていると指摘される。

実際、未成年者への性的暴行事件では、顔見知りによる犯行が圧倒的に多い。官製組織である中国少年児童文化芸術基金会女童保護基金などがメディアや司法機関が伝えた情報をまとめた調査によると、一八歳以下の未成年が被害者となる性暴力事件は二一年には二二三件あり、被害者は五六九人だった（件数より被害者が多いのは、被害者が多数に上る事件もあるため）。犯人と被害者との関係が判明している事案のうち、約八割が顔見知りによる犯行であり、二割が知らない人物による犯行だった。さらに被害者との関係では、教師や教職者が二七・五％でもっとも多く、一七・五％の親族関係、一二・五％のネット上での知り合いと続く。以前からこうした現状が問題視されており、すみやかな法改正につながった形だ。

なお、星星の事案の結末はすこし意外なものだった。二〇年九月に最高人民検察院と公安省の合同チームが発表した調査結果は、性的暴行については「証拠がない」と結論づけた。鮑毓明氏は米国籍の所持を隠していたことなどから中国の弁護士資格を剝奪され、国外追放とされた。一方、星星については二〇〇一年八月生まれとして出生届が出されていたが、実際の出生は一九九七年一〇月だったことが判明した。実際の誕生日をもとに計算すると、鮑氏と性的関係を持った一五年に星星はすでに成人していたことになる。ただし中国メディアによると、鮑毓明氏は、星星の実際の誕生日は知らず、未成年と認識していたとみられる。また二人は、ネット上で養子縁組の相手を探していた星星に鮑氏が連絡をとったことで知り合い、養子縁組の正式な手続きはとっていなかったという。

この事件は、刑法改正につながったという意味で大きな影響があったが、被害者とされた星星の主張に瑕疵が見つかり、女権運動の関係者らに当惑が広がった。後述する女性活動家、李麦子氏は「ＭｅＴｏｏの訴えがあったとき、十分な証拠を集めて訴えが本当かどうかを判断してから支援するかを決めなければいけないのか。多くの友人が困惑していた」と振り返る。

†冷ややかな受け止め

中国で二〇一五年に成立した反家庭内暴力法は民間の団体や活動家らが長年、法律の必要性を訴え、同法の成立に大きく貢献したことが知られている。こうした民間の活動家らは、民法典でのセクハラ規定などについても必要性を主張し、制定を後押しした。一方で、婦女権益保障法の改正については、御用組織の中華全国婦女連合会（婦連）が積極的に旗を振っていたようだ。いずれにしても、この数年間の女権運動やＭｅＴｏｏ運動の盛り上がりを背景に、共産党政権が、法律の制定や改正を求める声に一定の譲歩をしたと理解できるだろう。

しかし刑法改正につながったような署名活動は、共産党政権による統制強化によって徐々に難しくなっている。先述の弦子さんは二一年春の時点で、先の刑法改正について「数少ない成功事例」と指摘した上で、「今なら同じ署名活動は難しい。一カ月前にできた活動が（当局の圧力で）できなくなることもある」と語っていた。

また共産党政権は、法改正の背後に女権運動の影響があり、それに譲歩したことを決して認めない。ある活動家は当局者から民法典にセクハラに関する条文が加わったことについて「これは女権運動の成果ではない。党があなたたちに与えたものだ」と言われたという。いかなる進歩も社会活動の成果ではなく、党からの下賜であると解釈される。党以外の組織や人物が影響力を持てば社会の不安定化につながりかねないとして極度に警戒しているためだ。中国メディアの記者は「中国共産党は自分たちが正義を独占し、正義の唯一の源泉でなければならないと考えている。ほかのいかなる組織もその正義に逆らえないし、党の論理と異なる自分たちの正義を追い求めることは決して許されない」と話す。

こうした法改正の効果について、大きな期待を持つ女権運動の関係者はそれほど多くないだろう。先の馮媛氏は「法律の規定ができたことによって、自動的に前向きな作用をもたらすわけではない」と語る。活動家、呂頻氏は「中国社会、あるいは共産党の習性通り、正しい文章を大量に製造したにすぎない。こうした文章が人々の実際の生活、この場合は女性の権利や立場の向上に資するかどうかはまったく別問題だ」と厳しい見方を話す。

実際の法律の規定についても、「(婦女権益保障法や民法典は)権利などを明記するにとどまり、それをどのように守るかについては記述がない」(李麦子氏)といった批判が当初からあった。呂頻氏は「どの法律も執行(に向けた実際の効力)が極めて弱い。極めて残念な現実だが、法律の規定と実際の女性の状況には大きな距離があり、法律には(その距離を埋めるための)具体的な制度や罰則が抜け落ちている」と話す。

3 MeToo運動と中国政府

†運動前夜

すでにたびたび登場した在米の呂頻氏は山東省出身であり、中国の女権運動の中心となってきたネットメディア「女権の声」創設者として知られる。後述するように、「女権の声」はMeToo運動の最中に閉鎖される。

呂氏は二〇一五年から一度も中国に帰国していない。同年三月、呂氏とともに活動してきた女性運動家五人が中国の治安当局に公共秩序騒乱容疑で拘束される事件があり、たまたま米ニューヨークを訪れていた呂氏は自身にも危険が及ぶ恐れがあると判断してそのまま米国にとどまったからだ。取材に対し、当時から「(米国滞在が)無期限になるかもしれないと意識していた」と明かす。

拘束された五人が取り組んでいたのは、公共交通機関での痴漢防止や家庭内暴力に対する啓発活動、公衆トイレの男女比率の改善などだ。女性トイレの数が足りないとして男性トイレを占拠したり、家庭内暴力の被害を訴えるため血染めのドレスで繁華街を歩いたりと、社会に向けて問題の存在を可視化させることを主眼としていた。パフォーマンスは一見、過激にもみえるが、主張している内容は穏当なものばかりだった。

国際社会からの圧力もあり、五人は一カ月余りで釈放されたが、この拘束事件が中国の女権運動に与えた打撃は大きい。それまで許容されていた街頭でのパフォーマンスやビラ配りなど、公の場(ネット上ではなく)で不特定多数に訴えかける活動ができなくなったからだ。「政府は女性と男性は平等だと言いながら、私たちが公に平等を求めると、私たちを黙らせようとする」。ある女性活動家はこんな表現で事件を振り返る。次章で詳しく述べる一八年のMeToo運動は、この拘束事件を経て女権運動に行き詰まり感のあった時期に起きたことに留意したい。

†NGOと一九九五年世界女性会議

二〇一七年には国外からの資金提供を禁じる海外NGO活動管理法が施行され、社会運動が許される空間はさらに狭くなった。一五年に拘束された五人も表だった活動を控えたり、海外に逃れたりしていた。五人のうちの一人、李麦子氏（三二）は「また街頭で活動すれば、警察に捕まる」と笑っていた。取材した二一年当時、李氏は北京のアパートに複数の猫とともに暮らしていたが、二三年には拠点を海外に移した。新型コロナウイルス禍を経て社会に対する政府の統制や管理がより強くなったことが一因だ。

中国の女権運動とNGOは密接な関係にある。中国のNGOと女権運動の関係者の双方（両方にまたがる人物も多い）が、一九九五年に北京で開かれた世界女性会議が大きな転機だったと振り返る。「中国の女権の進展にとって極めて重要なマイルストーンとなった」。農村における女性の問題（一人っ子政策や農地の分配における男女の差別など）に長年取り組んだ謝麗華氏はポッドキャストで語った。「私の取り組んできた農村女性の現実的な問題が、世界のフェミニズム運動と接続しているなんて思ってもみなかった。私たちは世界の女性とつながった」とも話した。

この会議を機に中国における多くのNGOの活動が本格化した。「世婦会（世界女性会議）のあとの一時期が活動の黄金期だった」と振り返る女権やＮＧＯの関係者は少なくない。当時、外国、とくに米国のＮＧＯや基金を呼び込もうと、官製組織も含めて国外からの資金援助を受けて、環境問題やエイズ対策などの公衆衛生、さらに女性主義運動などの公益活動が発展した。一五年の反家庭内暴力法の成立は、そうした「黄金期」を経た中国の女権活動の大きな成果といえる。同じ年に活動家五人の拘束があり、女権運動への統制が強化されたのは皮肉な一致ともいえる。

かつて海外の資金が「歓迎されていた」という活動家の述懐は、現在の状況を考えると隔世の感がある。一七年の海外ＮＧＯ活動管理法に至って、こうした「歓迎」は一八〇度転換し、「外国資金を受け取るものはスパイ活動をする極悪人とみなされるようになった」（ＮＧＯ関係者）。

†二〇一八年、MeToo運動の波が中国に

セクハラや性暴力の被害に対する告発は、中国においても当然ながらＭｅＴｏｏ運動の以前にもあった。とはいえＭｅＴｏｏ運動は、中国の女権運動のみならず、社会全体に時代を画す大きな影響を与えたといえる。なおＭｅＴｏｏ運動は中国語では「我也是」「米兎」などとも表記される。前者は「私も」という意味だ。後者は「ミィトゥ」という音に

セクシャル・ハラスメントの存在を広く訴えるため、「#METOO」と掲げる黄雪琴記者（2017年12月、Thomas Yau/South China Morning Post via Getty Images）

基づき、当初は当局の検閲を逃れるための隠語として使われていた。

二〇一七年に米国の映画界から始まったこの運動の波は一八年の年明けとともに中国に本格的に到達した。この年の一月一日、北京航空航天大学（以下、北航）で博士号を取り、米シリコンバレーのIT業界で働いていた羅茜茜さんが、北航の博士課程に在学していた〇四〜〇五年に、指導教官だった陳小武教授から受けたセクハラ行為を実名で告発した。「#MeToo」と大きく掲げての性被害の告発は、中国ではこれが最初だった。

告発は、フリーランスの記者、黄雪琴さんが記事にまとめ、一月一日から四日連続でネット上に発表した。黄さんは関係者らを幅広く取材して証拠を集め、弁護士も巻き込んで記事を書き上げた。黄さんは中国のMeToo運動で極めて重要な役割を果たした女性記者だ。一九八八年に広東省に生まれ、いずれも同省広州市が拠点のメディア「新快報」や「南都週刊」で記者を務め、二〇一五年に辞職してフリーランスとなった。

羅さんはネット上での実名告発に先立ち、前年一七年一〇月中旬、Q&AスタイルのSNS、知乎（チーフー）で「北航の陳小武をどう評価するか」という設問に対し、陳氏によるセクハラを匿名で明かしていた。同月には北航当局に対し実名で被害を訴えたが、大学側の動きは鈍く、進展はなかった。ロイター通信の取材に対し、羅さんは、「大学側は「上からの指示がない、関連する法律や規制がない、参考にすべき前例がない」などといって動かなかった」と振り返った。

しかし一八年一月一日の実名での告発は、ネット上で大きな反響があった。告発は陳氏が、羅さんを車で大学外の家に連れていって暴行しようとしたという内容だ。さらに少なくとも七人の女子学生が被害を受け、妊娠した学生もいたという。羅さんはロイターなどに「（被害を受けた）当時、勇気を出して立ち上がらなかったことを後悔している。そうしていれば、被害者が増えなかったはずだ」と話した。

告発に対し、陳氏は「北京青年報」の取材に「いかなる規則も破ったことはない」と否定していたが、その後、発言などは伝えられていない。陳氏はバーチャルリアリティ研究の第一人者とされ、「長江学者」の称号も持っていた。長江学者は、教育省が中国国内のトップレベルの学者に授与する称号で、研究資源などの面で実質的な利益も大きい。

関係者によると、黄さんは、羅さんの告発をＭｅＴｏｏ運動の一環として公表することにこだわったという。この関係者は告発が黄さんの狙い通りに中国におけるＭｅＴｏｏ運動の先鞭となり、後に記すように告発が次々に続く状況を生み出したと振り返る。一方で「ＭｅＴｏｏ運動が米国発の運動だったこともあり、黄に対する当局の過剰な警戒を招いた部分もある」とも指摘する。残念ながらこの指摘が正しい面はあるが、実名で性被害を告発するというＭｅＴｏｏ運動のスタイルが大きな効果を生み出したのも間違いないだろう。

ところで、羅さんと黄さんを結びつけたのもＭｅＴｏｏ運動だった。一七年一〇月、米女優アリッサ・ミラノさんがツイッターで性被害の告発を呼びかけて話題となっていた。黄さんはこの動きを受け、中国のメディア業界で働く女性記者を対象とした「中国女性記者セクハラ状況調査」のアンケートを開始した。知乎での匿名告発や大学当局への訴えでも事態が動かない状況にあったこのころ、羅さんは黄さんが前述の調査を始めていたことを知り、「実名で告発したい」と連絡をとった。

この「中国女性記者セクハラ状況調査」の結果は一八年三月に公表された。調査によると、四一六人の回答者のうち八割以上がなんらかのセクハラを受けた経験があった。五回以上という回答者も二割近くいた。黄さん自身も上司からセクハラを受けた経験があるという。

†当初は好意的な対応も

ネット上での実名告発を受け、当局側の動きは迅速だった。後に記すようにMeToo運動は中国で厳しい統制の対象となる。しかし少なくとも二〇一八年の年明けの段階では、当局が前向きにこの運動を受け止めていた部分もあり、後から振り返るとかなり意外に感じる。

まず国営メディアは羅さんの告発を好意的に伝えた。一月七日に中国共産党機関紙「人民日報」(電子版)が「セクハラ被害を訴えた被害者はしかるべき支援が受けられるべき」との論評を公表した。また、主に知識人を対象とする中国紙「公明日報」も同一七日に大学を舞台にしたセクハラ問題を重視するべきと訴えた。黄さん自身も、同一三日に中国中央テレビとネットメディア「騰訊(テンセント)新聞」が合同で制作したネット番組「聴我説(私の話を聞いて)」に出演した。「セクハラの被害は光栄なことではなく、私たちは黙り、我慢し、自分が孤島だと感じてきた。でも実は私たちは決して一人きりではなく、実はひそかにつながっていた」。番組で黄さんは言葉を短くくぎりながらスタジオの聴衆にむけて語った。ＭｅＴｏｏ運動がもたらした変化に好意的だった当時の中国社会の雰囲気が伝わる。

北航は一月一一日深夜、調査結果に基づいて告発内容が真実であり、陳氏の大学での職を解いたと発表した。さらに学内でセクハラ防止態勢を整える方針も明らかにした。セクハラを理由に職を解かれる大学教授などは過去にもいたが、大学側が教員の処分と同時に防止態勢の整備にまで言及したのは、北航が初めてだったと指摘されている。

また、教育省は一月一四日に陳氏の「長江学者」の称号を剝奪し、さらに一六日には記者会見を開いて、各大学に教師によるセクハラ事案の調査を促し、大学でのセクハラを防止するための仕組みの導入を検討すると踏み込んだ。これに先立ち、中国各地の各大学に対し、セクハラ防止の仕組みをつくるように求める署名活動が主にネット上で行われ、一万人以上が署名していた。先述の一五年に拘束された女性活動家五人のうちの一人、韋婷婷さんが創設したＮＧＯ広州性別教育中心（一八年一二月に当局の圧力によって閉鎖）が一七年七月に公表した調査によると、調査に応じた大学生と卒業生のうち七割近くが何らかのかたちでセクハラを受けたことがあると答えた。

その後も中国のＭｅＴｏｏ運動は主に大学を舞台に展開した。一八年四月には北京大学出身でカナダ在住の女性が、二〇年前に当時二一歳で自殺した同級生、高岩さんが同大の瀋陽教授から性的暴行を受けていたと告発した。瀋氏は高さんに対して「繰り返し性的暴行を行った上に精神病だと中傷し、自殺に追い込んだ」という。告発を受けた当時、南京大に勤務していた瀋氏は事実関係を否定したが、南京大は辞職を勧告した。北京大はセクハラ防止規定について検討を始めたと明らかにした。瀋氏もやはり「長江学者」だった。

この時期、ほかにも武漢理工大や中山大、中国人民大、上海交通大など多数の大学の教授らが相次いで告発を受けた。ネット上で騒ぎになった事案を中心に、当局は迅速に対応して関係者の処分などを発表した。「大学、国営メディア、教育省、中国市民の反応は、圧倒的に、そして意外にも前向きだった」。同年一月末に配信されたロイター通信の報道は、羅さんの驚き混じりの言葉を伝えている。ある女性活動家はのちにこの時期を振り返り、「告発はなおも氷山の一角にすぎず、問題が「教師の道徳」に矮小化された面があるが、教育分野で一定の進歩があったのは事実だろう」と話した。

†強まる監視

二〇一八年四月には「人民日報」（電子版）が、北京大で二〇年前に起きた高岩さんの自殺事件を巡る論評も載せた。「昔のことであっても、疑問や盲点があれば、徹底調査と詳細な説明が必要だ」「多くの被害者は、被害を証明するのが難しく、学業やキャリアなど（への考慮）に屈し、やむを得ずがまんして言葉をのみこんでいる」などと指摘し、MeToo運動についても「セクハラに遭った女性が立ち上がり、被害を訴えることを後押ししている」と好意的に言及した。

しかしこの論評はすぐに削除されてしまった（後になぜか復活したが、復活の時期は不明）。同時期に当局による監視や統制も強まった。北京大では複数の学生が、瀋陽教授に対する二〇年前の処分の甘さを疑問視して当時の処分などに関する情報公開を求めたが、その一人の女子学生、岳昕さんが一時、大学当局によって軟禁状態に置かれた。岳さんがネットで公開した文章などによると、大学当局は岳さんの母親を連れて深夜に自宅まで来て、事件に関わらないよう迫った。外国メディアと接触したかなどについて厳しく尋ね、「卒業できるだろうか」「国家分裂転覆罪に関わる問題だ」などと脅したという。

なお、岳さんは一八年夏に広東省深圳で起きた労働争議「佳士事件」の支援に加わり、ほかの労働者や学生ら計五〇人とともに逮捕された。その後は目立った活動をしていないが、二二年春ごろの時点では北京市内で働き、教育関係のNGO活動に関わっているが、当局による監視は続いているという。

†「女権の声」の削除

さらに、国際女性デーだった二〇一八年三月八日から九日にかけ、中国の女権運動の中心となってきたネットメディア「女権の声」の微博や微信（ウェイシン。LINEと同じような機能のSNS）のアカウントが当局によって削除された。

「女権の声」は前述の呂頻さんが創設し、一八万人のフォロワーを抱えていた。中国各地での署名運動や問題提起などを主導するとともに、女権主義に関するさまざまな活動を伝えてきた。前年にも一カ月間、発信が停止されたことがあったが、一八年三月に削除された際はアカウントが復活することはなかった。アカウント削除の直前には八日の国際女性デーに合わせた反セクハラの活動を呼びかける文書を公表しており、アカウント封鎖の引き金となったとみられている。しかし文章の内容は穏当なものだった。関係者によると、「女権の声」は必要以上に当局の警戒を招かないように注意を払っており、この時期に発信する内容が過激化したり先鋭化したりはしていない。

突然の削除は、中国でMeToo運動が関心を集めはじめたタイミングだった。当局は、MeToo運動や女権運動が予想以上に盛り上がったことを警戒し、「女権の声」がその黒幕のひとつであると判断した可能性がある。市民が横につながって一定の影響力を持ち、社会の不安定化につながる要素となることに、中国当局は極めて神経質になっている。

また、国会に相当する全国人民代表大会（全人代）が開かれている時期であり、社会を騒がせたり不安定にさせたりしかねない事案に対して、当局が監視や統制を強めるタイミングでもあった。全人代はほぼ毎年、三月五日から始まるため、国際女性デーも毎年、当局が警戒を強める時期とぶつかる。国際女性デーに合わせて何らかの活動を企画する女権運動は、当局にとっては毎年重要な時期に面倒を起こす集団となる。

削除に対し、「女権の声」編集部はネット上に声明を出し、「私たちが消え去ることによって、中国のインターネット上から正義の声を消すことはできない」と訴えた。「女権を伝える場としてもっとも影響力があった」とも言及し、自負や悲壮感、悔しさを強くにじませた。その後、ネット上では「女権の声」を支持する書き込みが次々に削除された一方、「境外勢力」「政権転覆を企んでいた」などという中傷が目立つようになった。もちろん「女権の声」の側には反論する方法はない。

4　女権主義は「境外勢力」

†西側の価値観を排斥

中国ではもともと、女性の権利を語ることは「西側の価値観」とみなされる傾向があった。性暴力被害を訴えるＭｅＴｏｏ運動や女権主義は広く関心を集めた半面、「境外勢力（外国勢力）と結託して国家分裂をたくらんでいる」などとして、ネット上などでより激しい中傷や攻撃にさらされるようになった。複数の女性活動家が、夜中に見知らぬ男から電話が来て脅迫されたりすることは珍しくないと話す。

欧米や西側の価値観だとしてフェミニズムを排斥することは、なにも中国の専売特許ではない。ＭｅＴｏｏ運動が主に米国での盛り上がりを受けて日本や中国に波及したのも事実であり、当事者や支援者に対して「外国勢力と結びついている」「米国の流行に乗っただけ」などと批判を浴びせることは、運動の勢いを削ぐ効果が大いにあるだろう。

一方で中国での「境外勢力」という言葉には、「スパイ」とほぼ同じような強い指弾の意味も含まれる。習近平政権は、なによりも政権の安定を重視しており、前述のようにＮＧＯ関係者のほか人権派弁護士や記者などを弾圧してきた。こうした人々が中国の安定を脅かすという考えの背景には、共産党政権と異なるイデオロギーや思想が影響力を持つことへの強い恐れがある。ある女性活動家は、匿名で引用してほしいと念を押した上で「共産党政権には自分たちの安全に対する自信が極度に欠けており、自分たちと異なるいかなるものも警戒する」と指摘し、「男女平等は共産党のイデオロギーとも一致するはずだが、彼らはそう考えていない」と続ける。ちなみに中国当局は「女権」「女性の権利」といった言葉は使わず、「男女平等」という用語を好む。

習政権は「党の話を聞き、党とともに歩み、党に感謝する」というスローガンを掲げ、あらゆる面での党との完全な一致を求めるが、当然ながら女権主義と党の不一致は小さくない。先述の李麦子氏は「私たち女権主義者は、国をよりよくするためにたゆまぬ努力を続けなければならない。そうした意味では愛国主義者であるが、政府がやることすべてに無条件に拍手を送る類いではない」と訴える。社会のあり方に関心を持ち、それを変えようとする行為は、共産党によるもの以外は、すべて社会の不安定要素として危険視される。国外にいる別の女権活動家は「女権主義は、この社会のメインストリームと政府に歓迎されていない。共産党政権が支配する秩序と女権主義の主張との衝突は不可避のものだ」と踏み込む。

†一カ月で二二件の告発

このようにMeToo運動に対する圧力が徐々に強まり、二〇一八年五月ごろには「被害を訴える」という動きは一時的に少なくなった。ところが七月に入ると、運動の舞台は大学からNGO、メディア、宗教界などに一気に広がった。女権主義者らがまとめた統計では、一八年上半期には少なくとも三二件の被害の告発があり、このうち二二件は七月に集中している。一人の告発が別の被害者の背中を押して告発を促すかたちとなり、同年七月は中国のMeToo運動にとってひとつのクライマックスとなった。

注意すべきなのは、七月（とくに下旬）に相次いだ告発はNGO関係者や政府に批判的なジャーナリストが加害者側とされる事案が多かったことだ。たとえば、中国誌「鳳凰週刊」の元著名記者、鄧飛氏は七月二三日から複数の女性から立て続けに告発を受けた。鄧氏は、貧しい農村の子どもに無料で昼食を提供する「免費午餐（フリー・ランチ）」を立ち上げたことで知られ、誘拐された子どもを救う活動などにも関わってきた。微博に五〇〇万人のフォロワーがいた鄧氏に対する告発は、民主派や社会運動に取り組む人々に大きな衝撃を与えた。鄧氏はすべての公益事業から離れるとの声明を出した一方、告発内容は否定して、告発した女性らを名誉毀損で訴えた。

このほか、B型肝炎患者を支援する「億友公益」創設者の雷闖氏は、一五年に当時二〇歳だったボランティアを強姦したとして告発された。雷氏は告発内容を認めて自首する考えを示したが、すぐに撤回した。また政府に批判的だったジャーナリスト、章文氏も複数の告発を受けた。

こうしたNGO関係者やジャーナリストに対する告発は、ネット上から削除されることはなかった。政府に批判的な人物を貶める結果となるだけに、当局側が黙認した可能性がある。共産党政権は、「公益圏」と呼ばれるＮＧＯ活動などに対する締め付けを強めており、ＭｅＴｏｏ運動は「公益圏」にとってさらなる打撃となった。

一方でＭｅＴｏｏ運動にとっては皮肉な形ながらも、声を上げる空間を確保することにつながった。「公益圏」関係者は「中国社会全体の利益や民主化など大局を見ていない」などとしてＭｅＴｏｏ運動を批判することもあったが、後述するようにこうした構図は、海外に逃れた民主化運動の指導者である王丹氏らが二三年にセクハラの告発を受けた際も再現される。

ただ一八年後半にはそうしたＮＧＯ関係者らに対する告発の動きも失速した。七月に最高潮に達したＭｅＴｏｏ運動の勢いに対して、当局の監視や圧力がさらに強まったことが背景にある。先述の黄雪琴さんも当局からＭｅＴｏｏ関連の活動をやめるように求められていたという。米国拠点のネットメディアによると、ある警察官は黄さんに「ＭｅＴｏｏは境外反中国勢力による破壊活動だと認定された。発信者はいずれも国外で長年生活し、標的としたのは中国の長江学者であり、中国の学術制度を攻撃しようとしたことは明らかだ」と話したという。

二〇一八年前半の一連の告発の中で、体制内の政治家や官僚などが告発を受けることはまれだった。当然、政治家や官僚が清廉潔白であることを示すわけでなく、体制内の権力者を告発する声がさまざまな形で抑えつけられているとみるべきだろう。中国のＭｅＴｏｏ運動のひとつの限界ともいえる。

例外はある。中国中央テレビ（ＣＣＴＶ）の著名アナウンサー朱軍氏（五七）から性暴力を受けたと訴えた周暁璇さん（二八）の事案だ。周さんは「弦子」のネットネームで知られる。ネット上での告発はやはり一八年七月だった。日本ではフリージャーナリスト伊藤詩織さんの裁判がＭｅＴｏｏ運動の象徴的な存在になったように、中国では弦子さんの裁判が代表的な事案となった。中国での性被害の告発がなぜ容易ではないのか、次章でこの案件を通じて詳しくみていきたい。

†黄雪琴さんの逮捕

黄雪琴さんは二〇一九年六月に訪れた香港で大規模な抗議デモに遭遇し、大陸に戻った後にルポを発表したところ、公共秩序騒乱容疑で三カ月にわたって拘束された。多くの黄さんの知人が、このころスパイ取り締まりなどを担う国家安全省の当局者に呼び出され、黄さんとの関係や活動内容のほか、女権運動などについて聴取を受けている。そうした人物の一人は取材に「聴取を受けた人は中国各地にいた。当局者からは、黄さんを調べるためならいかなる労力もいとわないという強い意志を感じた。黄さんが中国のＭｅＴｏｏ運動の「総設計士」と考えているようだった」と話した。

黄さんはその後も断続的に活動を続けていたが、二一年九月、労働者や障害者の権利に取り組んできた活動家、王建兵さんとともに再び当局に拘束された。奨学金を得た英サセックス大大学院への出発を翌日に控えていたという。

二人の具体的な逮捕容疑はしばらく不明だった。香港の抗議デモへの関与が直接の原因とみる向きがあったが、女権主義関係者への威圧効果は大きく、ＭｅＴｏｏ運動や女権主義については語ることが「危険なこと」という認識が強まった。黄さんの知人や多くの活動家が「彼女について話すのは危険すぎる」と語り、直接知る知人の一人は「当局を刺激しすぎた面もある。もっと慎重になるようアドバイスするべきだった」と文字通り声を潜めて話した。

起訴状が公表されたのは、初公判が開かれた二三年九月だ。前年二二年八月にはすでに国家政権転覆扇動罪で起訴されており、三カ月以内に審理を始めるという法律の規定に反している。

起訴状によれば、黄さんは中国政府や中国の政治制度を批判する文章を発表したほか、王さんの自宅で定期的に集会を開いて政府への不満をあおった。また二〇年五月から二一年二月の間、海外のＳＮＳで「非暴力運動」に関する養成講座に定期的に参加し、社会問題の討論を利用して、国家や政権への不満をあおったほか、この講座に国家政権転覆に関する内容が含まれていると知りながら、他人に紹介して参加させたとされる。王さんもほぼ同じような嫌疑がかけられている。

一番重要な部分は、最後の「紹介して参加させた」だろう。起訴状は「社会問題」の具体的な内容には触れていないが、女権に関するものもあったとみられる。また、王さんの自宅での集会はさまざまな分野の社会運動関係者の交流の場になっていたとされる。人々が横につながり、組織化されること。起訴状からは当局がなにを恐れているかが推測できる。

二四年六月一四日、広東省広州市の中級人民法院（地裁）は、国家政権転覆扇動罪で黄さんに懲役五年、王さんにも同罪で同三年六月を言い渡した。米国務省報道官が、判決について「不当だ」と非難するなど海外からの批判も出ている。

†横のつながりを断つ

多くの女権活動家は、共産党政権が許した枠内での「男女平等」の実現に注力し、政権の行く末に疑問を呈したり、政権そのものに抗ったりしないように気を配る。「境外勢力」とのレッテルを避ける意味もあるだろうが、こうした感想をある女権活動家に話すと

「私たちの憤りは日常生活にある。目の前のことに集中せざるを得ない」と答えた。

女性が感じる日常への憤りや不満はどこにでもある。そうした不満や憤りが社会を変える方向につながれば、大きな力になる。中国に限らず、女権主義がそのように展開してきた部分はあるだろう。しかし中国共産党は人々が横につながり、組織化されることを極端に恐れる。それが最終的に政権の安定を揺るがす力を持つ組織になることを危惧するためだ。「女権の声」を初めとするSNSアカウント封鎖も黄氏の逮捕も、こうした警戒感が背景にある。

先の女権活動家は企業や学校でのセクハラ防止に取り組んできたが、「二〇一九年ころから、企業内で数人を集めたセクハラ防止研修にさえ、当局から企業側に連絡があり、参加できなくなった」とため息をつく。多くの日本企業でも行われているような類いの研修とみられ、研修内容そのものよりもこの活動家に警戒が向けられた可能性もある。

それでも一九年ごろまでは国際女性デーの三月八日に合わせたシンポジウムや小規模なミーティングなどが各地で開催され、そうした会合の出席者の一人は「あなたの街にも女性問題に関心を持つ人がいるとを知ってもらうことが大切」と話していた。しかし、女権や女性、セクハラなどをテーマに人が実際に集まるオフラインの会合への風あたりは急速に強くなっていった。新型コロナウイルス禍が始まった二〇年に入ると、人が集まる会合は感染防止を口実として当局から圧力がかかるようになり、さらに開催が難しくなった。

第三章

MeToo運動が中国に残したもの

2021年9月、警察官や外国人記者、支援者らに囲まれながら北京市海淀区の裁判所に入る弦子さん（中央、花束を抱えた女性。筆者撮影）

1　弦子さんの訴え

MeToo運動に対する当局の圧力は弱まらず、二〇一八年後半以降は告発の動きは散発的になっていた。強い逆風の中で中国のMeToo運動は二〇年一二月二日にひとつの節目を迎えた。本章では、中国のMeToo運動の代表的な事例とされる「弦子案」から、中国の女権運動の特色をみていこう。

†第一回審理

この日の午後、天安門広場から西に十数キロにある北京市海淀区人民法院（日本の地方裁判所に相当）では、周暁璇さん（二八）の裁判（一審）の初めての審理が行われた。周さんは、中国中央テレビ（CCTV）の著名アナウンサー朱軍氏（五七）から性暴力を受けたと訴え、「弦子」のネットネームで知られる。現場を訪れた支援者や筆者による弦子さんへの取材、外国メディアの報道などからこの日の裁判所前の様子を振り返ろう。

昼ごろには裁判所の周辺には数百人の支援者や外国メディアの記者が集まっていたという、若い女性だけでなく中年の男性なども混じっていた。支持者がかぶっていたブタのかぶり物は、中国語のブタ「猪」と朱軍氏の「朱」が同じ発音であるためだろう。

支持者らが掲げたプラカードには「がんばれ」「ＭｅＴｏｏ」「セクハラ禁止」などのほか、「私たちはともに歴史に回答を求める」というのが目立つ。弦子さんがインタビューで語った言葉だ。この裁判では、被害の有無を裁判所が認定するか否かではなく、中国の司法がセクハラの訴えにどう向き合うか、女性の権利や正義の側に立つかどうかこそが問われているという趣旨だ。そして仮に敗訴となったとしても、弦子さんや支援者らの声は消されず、歴史に記録されるという意味もある。当時、裁判の見通しにすこし悲観的ではないかとも感じたが、この時点ですでに女権運動やＭｅＴｏｏ運動への締め付けはかなり強くなっており、弦子さんらが裁判所の判決に期待するのは難しい状況となっていた。周辺には制服の警察官のほか、私服の当局者らも目立ち、「スローガンを掲げるな」などと支持者らに命じていた。

中国のＳＮＳ微信には支持者らが集まる複数のグループが作られ、裁判所周辺にきた支持者が現場の様子を伝えたり、弦子さんを励ますメッセージを送ったりしていた。微信のグループは上限が五〇〇人に設定されている。後に聴いたところ、この日の昼ごろの時点でグループはすでに六つあった。計三〇〇〇人近くがネット上で声援を送っていたことになる。

弦子さんは昼すぎに支援者らの声援を背に、一人で裁判所に入っていった。弦子さん側が求めていた公開での審理は実現せず、審理は一貫して非公開とされた。裁判所が社会的な影響を最小限に抑えたかったためと推測される。弦子さんは裁判所に入る直前、支持者が用意した「必勝」と書かれた紙を掲げて写真を撮った。伊藤詩織さんがこのほぼ一年前、元記者を相手取った損害賠償訴訟の判決を受け、東京地裁前で「勝訴」と書かれた旗を手に撮影した写真から着想を得たという。弦子さんの「必勝」写真は、前述の微信グループなどを通じて広く拡散された。

日本の裁判は審理が夜中まで続くことはあり得ないが、中国では珍しくないらしい。この日の審理も深夜まで続いた。一二月の北京は寒い。裁判所前で弦子さんを待ちつづける支援者らに向け、ネット通販を通じて温かい飲み物や食べ物、防寒具などが次々と届けられた。現場に来られない支援者らが、裁判所前の見知らぬ「弦子さんの友達たち」のために注文したものだ。電動バイクで裁判所前に到着した配達員が「弦子さんの友達はいますか」と声をかける姿は、ＭｅＴｏｏ運動の広がりを実感させる光景として記憶されている。

弦子さんが裁判所から出てきたのは日付が変わる直前だった。弦子さんは支援者らに向け、三人の裁判官を交代させ、陪審員によって審理をするように要求したことを明らかにした。支援者らに向けて感謝を伝えると、「がんばれ」などと声援が飛び交った。後の取材に、弦子さんはＭｅＴｏｏ運動の象徴的な存在となったことに「プレッシャーも感じる」と漏らし、「多くの人々が集まり心配になった。もし裁判に負けたら、声を上げる女性がいなくなるのでは」とも話していた。

ところで中国にも市民が裁判に参加する制度があり、「人民陪審制」と呼ばれる。数年間の任期があり、裁判官と人民陪審員が合議体をつくり、刑事だけでなく民事裁判でも適用される。当事者が人民陪審制の採用を申請することができるが、実際に採用するかどうかは裁判所の恣意的な運用が可能なようだ。弦子さんの裁判でも人民陪審制は採用されなかった。

†二〇一四年六月九日

北京で弦子さんに取材する際は、すこし郊外にある猫カフェで会うのが通例だった。初めての取材の際に弦子さんにこの場所を指定され、通常のカフェかと思って店内に入ったところ、たくさんの猫がいて驚いた記憶がある。しかし平日は客がまばらなだけでなく、マンション一階を改装した店内はいくつかの部屋に分かれており、周囲を気にせずに話をきける。弦子さんは取材の際に涙ぐむこともあったが、猫がのんびりとうろつく日当たりのいい空間はそうした深刻な雰囲気を和らげてくれる効果もあったと思う。

北京市内の猫カフェで取材に答える弦子さん（2020年12月、筆者撮影）

弦子さんの事案とはどのようなものだったのか。弦子さんの話や裁判資料などに基づいて、発生当初から振り返ろう。

弦子さんは、北京市内の戯劇学院で学ぶ大学三年生だった二〇一四年六月、演出に関する授業の一環として、中国国営中央テレビ（ＣＣＴＶ）の「芸術人生」という番組の制作現場で実習することになった。音楽や演劇など芸術分野の第一人者を招いた人気トーク番組で、司会者は著名アナウンサーの朱軍氏が務める。日本の紅白歌合戦に相当するといわれるＣＣＴＶの年越し番組「春節聯歓晩会」で一七年まで連続二一回も司会を務め、中国人なら誰でも知っている存在だ。なお被害の現場となったのは、「大きなパンツ」と呼ばれる奇妙な形をした北京市朝陽区のＣＣＴＶ新本社ビルではなく、同市海淀区にある旧本社だ。

実習には課題があった。実習での経験を記録した映像を作り、できれば朱氏を含む番組の重要人物に取材するのが好ましいとされた。六月九日の夕刻、弦子さんは先に実習を始めていた別大学の学生に連れられ、メークアップルームにいる朱氏を訪ねた。裁判資料によると、この部屋にはメーク用の鏡台が複数並び、番組収録に備えた朱氏の控え室として使われていた。

弦子さんともう一人の学生が入ったとき、朱氏はここに一人で座っていた。弦子さんは当初、朱氏とこの学生との会話を傍らで聴いていたが、用事があるという学生は一分ほどで部屋を出たため、室内には弦子さんと朱氏が取り残された。弦子さんは「(朱氏は)全国でもっとも有名なアナウンサーであり、わたしたちは仕事の場にいた。(二人で室内にいたことに)まったく危険を感じなかった」と振り返る。

弦子さんは朱氏と二人きりで話すのはこれが初めてだったが、朱氏は気さくに話しかけてきたという。弦子さんが首からぶら下げていたソニーのミラーレスカメラに興味を示し、鏡に向かって二人で写真を撮ったりした。カメラは友人から借りたもので、当時はまだ珍しかった。写真を撮った後、弦子さんは朱氏に言われて部屋のドアを閉じたが、完全に閉めずにすこし隙間を残した。

弦子さんが不安を感じはじめたのは、朱氏が「CCTVで働きたいなら助けてあげよう」「大学院に進みたいなら、あの学校の校長をよく知っている」などと言いはじめてからだ。実習でとくに出来がよかったわけではなく、大学院の入試には筆記試験もあるのに、なぜわざわざ自身の交友関係などをみせつけて、いい顔を見せようとするのか。朱氏に食事にも誘われると、弦子さんは婉曲に断った。そのうち「顔の形が妻と似ている」「手相を見てあげよう」などと話が進んだが、国民的な著名人に対して「失礼のないようにがまんした」という。

そうした会話を経て、朱氏が弦子さんの身体を触りはじめた。「びっくりして怖くて身体が硬直し、どうすればいいかまったくわからなかった」。弦子さんは身体をいすに密着させ、腕で朱氏の手を防ごうとしたが、さらに無理矢理キスをされたり、スカートの中にまで手を伸ばされたりした。

弦子さんはネット上で公表した文章で、なぜ逃げ出さなかったのかという問いにこう記す。「あまりに怖く、もし朱軍が私を押さえつけて逃がさなかったらどうするか。叫ぶべきだったのか。私の身に起きたことはあまりに恥ずかしく、ほかの人たちに見られたらどう思われるか。「セクハラは被害者の過ちではない」と言うのは簡単だが、二一歳の私が朱軍に触られているときに感じたのは巨大な恥辱であり、泣き出したく、頭を地面に埋めて何も起きていないかのようにしたかった」

途中、四人の番組スタッフが室内に入ってきて、朱氏は一度手を止めたが、スタッフが退室した後に再び続いた。弦子さんが泣いて震えはじめると朱氏は手を止め、番組共演者が室内に入ったのを機に弦子さんはようやく室外に出た。部屋を出ようとした弦子さんに朱氏は「行くの?」とたずね、弦子さんは震える声で「行きます」と答えたという。このやりとりが印象に残っているという弦子さんは「わたしがあれほどの苦痛と抵抗を示したのに、彼はまだ私が室内に残ると考えた。弱くて意気地なしだと馬鹿にされたという恥辱に、今も苛まれている」と振り返る。弦子さんが部屋にいたのは約四五分間だった。

†「我慢するしかない」

弦子さんはメークアップルームを出た後、CCTVで実習することを知っていたおばに電話した。おばの答えは「我慢するしかない」というものだった。大学の寮のルームメイトも親身になって慰めてくれたが、やはり「黙っているほうがいい」とアドバイスした。もし訴え出たら、大学という閉じた空間の中で「体面を失う」だけでなく、朱氏の権力が強いため「学業や就職に影響する」ことを心配したためだ。弦子さんは翌一〇日午前五時ごろ、微信のタイムライン(直接の知り合いだけしか読めない)に次のような投稿をした。

「もっともつらいのは、私があまりに無能で無知でただ搾取されるだけでやり返すことができないことだ。本当につらいが、いまは気持ちを回復させるように努力している。悲しんでも意味がない」。投稿には、寄り添ってくれたルームメイトへの感謝などもつづられている。

この投稿から推測できるように弦子さんはこの時点で、学業や将来を考慮するべきというアドバイスを受け入れ、我慢してやりすごすという方向に傾きつつあった。実際、翌日午後には実習を続けるため再びCCTVを訪れている。ところが、CCTVに着くと、「恐怖と恥辱と怒りを感じ、なにも起きなかったかのように実習を続けることはできない」と感じた。どうするべきか大学のほかの同級生や高校時代の友人にも電話をしたが、やはり「我慢するしかない」という考えだったという。

CCTVの廊下のすみで何人にも電話をするうち、大学のある女性教師が初めて「警察に届けるべき」という意見を伝えた。この教師は、実習を担当していた教師とは別の人物だ。二一年年初の取材に、弦子さんはこの女性教師について「明確に警察への通報を勧めたのは彼女だけだった。彼女は私の話を聞いて泣いていた。私が感じたことを彼女も感じていた」と感謝した。この女性教師は「朱はおそらく常習犯であり、もし被害を届けなければ今後も何度も繰り返すはず。通報すればすくなくとも彼は（セクハラを）控えるようになる」と話したという。弦子さんの大学は毎年、CCTVで実習を行っていた。

†警察への届け出

弦子さんはこの女性教師に背中を押され、被害のあった翌日の夕刻、警察に電話して被害を訴え、さらに同日の夜九時ごろに、女性教師とその知り合いの弁護士、ルームメイトとともに警察署に出向いて被害を届け出た。日本か中国かにかかわらず、性被害を訴え出ることは被害者にとっては心理的なハードルが極めて高い。弦子さんが被害を訴えたのは例外的といえる。

当初、警察の対応は友好的だった。この日に担当した若い警察官は、弦子さんが被害を訴えた調書を何時間もかけて作成したほか、弦子さんらを伴ってCCTV（警察署から近い場所にある）を訪れてメークアップルームで座っていた位置などを確認し、さらに廊下の監視カメラ映像を確認した。映像には、部屋から出てきた弦子さんがティッシュで口をぬぐう様子も映っていた。警察官は弦子さんに「無理矢理キスをされたことへの無意識の反応だ」と話し、被害の証拠になる可能性にも言及した。このほか弦子さんが当日に着ていた黄色いワンピースからDNA試料を採取した。弦子さんらは日付の変わった翌一一日午前三時ごろにようやく大学の寮に帰った。

しかし一一日から警察の態度は一変した。担当者がかわり、被害届の取り下げを繰り返し迫った。「朱軍はみんなに好かれる著名人であり、あなたが被害を訴えたら、みんなの感情が害される。あなたの体面にもよくない」「朱軍は影響力があり、就職に響く。社会の正能量（プラスのエネルギー）を代表する人物であり、大ごとにすれば社会全体にマイナスの影響を与える」「あなたの両親は党員なのだから、事が大きくなると仕事にもよくない」などと説かれたという。

この「正能量」は中国当局が好んで使う用語であり、社会の明るい方向に目を向けさせ、社会を安定させる要素といったニュアンスを持つ。反対語は「負能量」と呼ばれる。人々を暗い気分にさせる情報や出来事を指し、社会の暗部に迫る報道や政府に対するあらゆる批判を封じ込めるための論理としても使われる。ＣＣＴＶの国民的アナウンサーの不祥事は明らかに「負能量」とみなされる。朱軍氏のイメージはＣＣＴＶのイメージにつながり、さらにＣＣＴＶと国家のイメージも結びつく。朱氏のイメージが傷つくことは、国家全体にかかわることとみなされる。

†被害届取り下げを求められる

さらに警察は弦子さんの同意なく、一三日に湖北省武漢市の実家にまで両親を訪ね、訴えを取り下げるよう弦子さんを説得するように求めたという。弦子さんによると、警察が被害者の両親や実家を訪ねるということは、中国のほかのMeToo運動関連の案件では起きていない。当局が、朱氏を巡る訴えに慌てて、なりふりかまわずもみ消そうとしたことがよくわかる。なお弦子さんの両親は、裁判にも出廷し、「（武漢まで訪ねてきた）北京の警察官二人が「弦子さんに対する朱軍のセクハラは事実だ」と話していた」と証言した（一審判決は証拠がないとしてこの証言を退けている）。

また、実習を担当した大学の教師も弦子さんが通報したことを知り、怒った様子で「このことの影響が大きくて、すでに私の業務に壊滅的な打撃があった」などと弦子さんに取り下げを求めたという。この教師は朱氏の番組の制作にも関わっている。

その後、警察の捜査がどうなったのか、弦子さんには警察から連絡がなく、刑事事件としての手続きは宙に浮いたままのはずだ。一方、弦子さんからも警察に連絡を取らなくなった。「警察に何度も取り下げを迫られ苦痛だった。結局あきらめてしまった」

また、警察による朱氏への任意聴取は、弦子さんが通報してから一週間後の六月一七日だった。これが唯一の聴取であり、裁判資料などによると朱氏は弦子さんへのいかなる身体的接触もなかったとしてセクハラ行為を否定している。朱氏はその後もしばらく、以前と変わらずテレビ出演を続けており、二〇一四年の時点では内部的にも処分は受けていなかった模様だ。CCTV側からは弦子さんへの謝罪はおろか、いかなる接触もない。

弦子さんは後の取材に対し、一四年当時をこう述懐する。「私は彼に傷つけられたのだから、謝罪を受けて当然だと素直に信じていた。でも司法のシステムに入り、そうではないと気づいた。彼は私より重要であり価値がある。こうした価値体系の中では、私個人の感情は犠牲になる。私自身はとるにたらず、簡単に抹消される存在だった」

†MeToo運動を受けて

ふたたび弦子さんの背中を押したのは、二〇一八年に中国に到達したMeToo運動の波だ。前述のように、とくに一八年七月はそのピークだった。

もっとも弦子さんは最初から、自らの被害を広く世間に公表するという考えがあったわけではない。性被害をネット上で告白した知人がいたため「一人ではない」と励ます意味を込め、朱軍氏に受けた被害の経験をつづった文章を微信のタイムラインで友人知人らに向けて発信した。七月二六日早朝に公表した文章では、この四年間を振り返って「鈍感になっていたが、昨年から女性の権利運動が星々の光のように弱い光ではあるが、人々を導いてきた。今日の夜、多くの女性が立ち上がって被害を訴え出たのを見て、私も記録するべきだと考えた」と記し、被害の経緯をつづった。

この文章は微信で公表されたため、直接の友人や知人しか読めなかった。少なくない友人らが弦子さんの受けた被害をすでに知っていたため、弦子さんは「公表は特別な感じではなかった」と話す。ところがこの文章を見た知人の一人が、自身の微信のタイムラインに転載し、さらに別の人物（徐超さん、ネット名・麦焼同学）が、中国版ツイッターと呼ばれる微博に転載した。この時点で不特定多数が読めるようになった。

時系列では、弦子さんの微信への投稿が午前五時一七分で、微博への転載の投稿が同六時四二分。ところが約二時間後の同八時五〇分にはこの微博への投稿は削除された。当局の統制とみられる。この投稿を受けて中国誌「財新」（電子版）が翌二七日午後、弦子さんやルームメイト、警察などに取材した記事を公表したが、これも約五時間後に削除された。この記事は削除されるまでの間に約一万一〇〇〇回転送され、多くの人がこの件を知ることになった。著名アナウンサーの朱氏に関わる事案であり、ネット上で広く関心を集めた。弦子さんは「あれほど大きな反響があるとは想像していなかった」と語る。

一方、朱軍氏の委託した弁護士事務所は八月一五日、二〇日間の調査の結果として「朱軍が実習生にセクハラをしたというネット上での情報は真実ではない」との声明を出した。微博に転送した麦焼同学を北京市海淀区人民法院に訴え、受理されたとも明らかにした。これに対して弦子さんが「投稿の内容は真実である」という内容をSNSに投稿したり、複数のメディアの取材を受けたところ、朱軍氏側は弦子さんについても提訴する方針を明らかにした。九月下旬になって弦子さんと麦焼同学は、裁判所から朱氏に名誉毀損で提訴されたとの通知を受けた。損害賠償や慰謝料などとして六五・五万元（約一三〇〇万円）の支払いを求める内容だ。弦子さんも「セクハラによって人格権を侵害された」として反訴した。発生から四年以上を経て、民事裁判の手続きがようやく正式に始まった。

このときの心境について弦子さんは後の取材に「一四年のときは警察や大学などの圧力を受けてもみ消されてしまった。一八年になって多くのひとがこのことを知るようになり、私が臆病であることによって再びもみ消されたくなかった」と話した。

†否定する朱軍氏

弁護士を通じて告発を完全否定した朱軍氏だったが、二〇一八年八月下旬ごろからCCTVの内部で処分を受けたとの噂がネット上などで広まった。実際、九月以降、朱氏が司会をしていた番組が打ち切られるなどしてCCTVの画面に姿を見せないようになった。二〇年には湖北省のテレビ局の年越し番組で司会を務めたが、その後もテレビにはほとんど出演していない。

朱軍氏は、二〇年一二月に第一回審理が行われたしばらく後、記者の取材に答える形で、初めてまとまった形で見解を語った。ネット上で公開された記事で朱氏は、弦子さんとの身体的接触が一切なかったと訴え、弦子さんの手相を見たというくだりも否定した。一方で、当日に弦子さんとメークアップルームで会い、「顔の形が妻に似ている」などと話したことはおおむね認めた。またこの部屋が多くの番組関係者らが出入りする「半ば公共の場所」であり、このような場所でセクハラを行うことは不可能だと強調して「完全な中傷だ」と反発した。一八年の弦子さんの告発以降、ほぼ沈黙してきたことについては「反論したかったが、（CCTVの）規則があり、無条件に従うしかない」と話した。

記事は中立を装いながらも、朱氏側の主張を伝える意図が鮮明だ。朱氏の話にもあるように、このメークアップルームに複数の人が出入りしていたとして、セクハラ行為の実行が難しかったとの見方を後押しする。弦子さん側が「いかなる価値のある証拠も示していない」とも指摘した。また弦子さんらが、欧米メディアの取材を受けていることを強調して、弦子さんの訴えは外国勢力が中国をおとしめる意図に沿ったものであると示唆した。

この記事は、朱氏自身が微博で転送している。「取材は受けなかったが、文中の内容はたしかに私が友人に話したものだ。この二年間で巨大な恥辱を受けてきたが、法律を信じている」と書き込んだ。記事には朱氏の写真もあり、記者と朱氏とのやりとりは一問一答形式で記されているが、取材を受けたとは認めない。すこしわかりにくい論理だ。

2 なぜ司法の救済はなかったのか

†一審敗訴

第二回目の審理は二〇二一年九月一四日に行われた。この時期の北京にしては蒸し暑い日だったと記憶している。筆者が北京市海淀区人民法院の周辺を訪れると、審理が始まる数時間前からすでに物々しい雰囲気だった。

前年一二月の第一回審理とは異なり、裁判所の正門前には支援者が集まれないように規制線が張られていた。裁判所の裏口周辺に集まった支援者らは第一回より明らかに少なく、第一回からの約一年間でMeToo運動への逆風が強まったことを物語る。後に聞いたところ、警察当局などから「裁判所前に行くな」と直接的な圧力を受けた支援者も少なくなかったという。これに抗い、「女権主義者はこんな見た目だ」「こんなに薄着だとセクハラに合うのは自業自得だ（否定の意味で文字に線が引かれている）」といった挑発的な文句を記したシャツを着た支援者の姿もあった。

一方で、当局者とみられる複数の男女が周辺に集まった人々にカメラを向けていた。映像や画像を記録しているとみられる。中国での抗議運動などでは珍しくないが、当局者がカメラを向けるという行為にはそれだけで相当な威圧的効果がある。身元が割れ、後に呼び出されたりする可能性もあるからだ。

午後一時四〇分ごろ、裁判所裏の道路で車から降りた弦子さんが眼に入った。黒い服を着た小柄な弦子さんの到着にすぐに気づく人は意外と少ない。筆者が声をかけると緊張した面持ちで手を振ってくれた。脇には大きな花束を抱えている。中国では支援者らが法廷に入る当事者に花束を渡すのはよく見る光景だ。後から聞くと、支援者が贈ったこの日の花束は「補血草」（タイワンハマサジ、スターチス）だった。花言葉は「永遠相随（永遠にともに歩む）」。

支援者から「弦子、がんばれ」と声がかかり、数十人に囲まれた弦子さんが話しはじめた。「一八年に立ち上がってからすでに三年がたった。この三年は私にとって二度と繰り返せない三年でした。だから皆さんにすごく感謝しています。わたしとともに立ち上がってくれて、とても感謝しています。勝利であろうと失敗であろうと、この三年をともにできたことはとても光栄です」

話が途切れ途切れにしか聞き取れなかったのは、当局者らが「散れ散れ、道路をふさぐな」「コロナ禍だぞ」などと声を張り上げ、弦子さんを囲む人々を追い払おうとしたため

上／弦子さんの裁判を控えた北京市海淀区の裁判所近くで、外国人記者や支援者らにカメラを向ける当局者
下／北京市海淀区の裁判所近くで、外国人記者や支援者らに向けて話す弦子さん（=左。ともに2021年９月、筆者撮影）

だ。自分を取り囲む混乱に涙目になった弦子さんは話を切り上げ、声援を背に一人で法廷に入っていった。この日の審理も非公開だった。

弦子さんが法廷に入ると手持ちぶさたになり、同じように時間をもてあました支持者らに話を聞いた。会社員という若い男性は「この案件はセクハラに対する中国人の意識を目覚めさせ、多くの被害者が立ち上がるきっかけとなった。結果がどうであれ、中国の女権運動にもたらした影響は大きい」。北京で学ぶ女子大学生は「私の周囲でもセクハラの類いは少なくない。相手に謝罪を求めたり、学校に訴えたりする人もいるが、私の直接の知り合いでは弦子さんのように裁判に訴えた人はいない。彼女の案件は、多くのセクハラが男女間の権力関係の中で発生することを明示してくれた。男性は加害者になりやすいが、自分の行為が相手を傷つけた事実を受け入れることができない。こうしたことを示してくれた彼女の勇気に感謝しなければならない」。中国南部からこの日のための北京にきたという男女は「弦子さんを応援するためにきた。この数年間は大変だったと思うが、すこしでも力になりたい」。

判決の発表は予想よりも早かった。北京市海淀区人民法院はこの日の法廷で、証拠が不十分として弦子さん敗訴の判決を言い渡した。審理はこの日も深夜に及んだが、判決はわずか二〇分の休憩をはさんだ後に言い渡されており、敗訴の判決は事前に決まっていたとみられる。裁判所は同日夜一一時すぎ、微博で弦子さん敗訴の判決を公表した。弦子さんが裁判所の敷地から出てくるのとほぼ同じタイミングだったとみられる。

†原告に不利な審理

この日も深夜まで残っていた支援者らを前に弦子さんは、同日の審理の内容などを説明した後、心情を吐露した。

「(開廷の)当日に判決が言い渡されるとは思わなかった。一八年に立ち上がってからこの三年間は私の命にとって二度とない三年間だった。このことが発生したとき私は二一歳だった。今は二八歳になり、もしまた三年がんばるなら三〇歳をすぎる。この三年間、私のすべての努力を注ぎ込んだ。さらに三年、勇気を奮い立たせて頑張り続けることができるかどうかわからない。みなさんに敗訴の結果を伝えなければいけないのはとても残念です」

すこし弱気にも聞こえる発言に上訴をためらっているのかとも思ったが、弦子さんは「必ず上訴する。この事案(の裁判)はまだいかなる核心的な部分にも達していないからです」とも話した。

「核心的な部分に達していない」という一審の裁判はどのようなものだったのだろうか。

一審判決は、セクハラの有無については原告である弦子さん側に立証責任があるとした上で「（弦子さん側が示した）証拠は、主張を証明するに足りない」と結論づけた。裁判所が重視した証拠は、警察が提出した被害当時の捜査書類だ。朱氏が「身体的接触はなかった」と否認していることや、メークアップルーム内の監視カメラがなく、セクハラ行為の直接の目撃者もいないことなどが記されている。また、先述のようにCCTVの廊下に設置された監視カメラには部屋を出た弦子さんが口をぬぐう様子などが映っていたが、「（原告側の）主張を証明できない」と一蹴した。さらに弦子さんの衣服と身体の計六カ所から採取した検体に「朱軍のDNAが検出されなかった」とも主張している。発生当日に弦子さんから被害の訴えを聞いた大学の教師やルームメイトらの証言は「現場の直接の目撃者ではない」として退けた。

一見、合理性があるようにもみえるが、論理にはほころびがある。警察は監視カメラから抜いた静止画像八枚を提出しているが、メークアップルームに弦子さんらが出入りする一部始終を記録した映像は提出されていない。廊下の監視カメラ画像は、弦子さん側の主張の一貫性と、朱氏側の主張に矛盾があることを示す重要な証拠となるはずだった。

また警察が実施したとするDNA検査にも疑義がある。DNA検査の結果報告書には署名がなく、法的な基準を満たしていない。また弦子さんの身体三カ所から採取した検体のうち二カ所からは弦子さん自身のDNAすら検出されておらず、ずさんな検査だったことは明らかだ。日本の痴漢捜査などでも加害者側のDNAが被害者の衣服や身体から検出されなかったという事実は、加害者側に有利な材料になるにせよ、無罪の証明にはならない。触られた衣服や身体に残った微物からDNAを検出することは容易ではないからだ。

裁判所は弦子さん側の証拠申請の多くを認めなかった。弦子さんが被害当時に着ていた薄黄色のワンピースのDNA再検査の申請に対し、二〇一四年当時にDNA検査のために預かったはずの警察は「手元にない」と回答した。心理学の専門家の証人出廷も却下された。専門家は、廊下の監視カメラにうつる口をぬぐう動作などが被害と強く関連していることなどを証言するはずだった。弦子さんは一審判決後の取材に「調べるべき証拠を調べていない」と指摘した。

このほか、弦子さんは提訴の理由を「一般人格権訴訟」から「セクハラへの損害責任訴訟」に変更するよう申請したが、これも認められなかった。最高人民法院は、弦子さんが提訴した一年後の一九年、セクハラを理由として民事訴訟を起こすことを認めている。二〇年に成立した民法典もこれを後押しするものだ。しかし裁判所は変更の申請に応じなかった。

†立証のハードル

一審判決後の取材に弦子さんは裁判への憤りと失望を語った。

「被害翌日に警察に届け出るということ以上に、（証拠の収集において）被害者側にできることはほとんどない。目撃者や監視カメラがある状況で起きるセクハラは多くない。ならば、裁判所はどんな状況であればセクハラがあったと認めるのか。これを知ることは私にとってはとても重要だったが、裁判所は答えを示さなかった」

セクハラや性犯罪の訴えがあり、その立証責任を被害者側だけが負うことになれば、被害者にとって裁判は、繰り返し被害について問われて二次的な被害を受ける場でしかない。裁判での争点が「セクハラの有無」から「被害者がウソを言っているか」に移ってしまうからだ。この裁判でも、弦子さんは「なぜ逃げなかったのか」「なぜその部屋に入ったのか」という当日の状況だけでなく、生い立ちや交際相手、生活の細部にいたるまで繰り返し質問を受けている。この過程を振り返り、「自分がどんな人間か証明を求められ、絶えず自分を犠牲にしなければならなかった」と話す。

一方で、弦子さん側が強く求めていた朱氏本人の出廷はかなわなかった。朱氏側はただひたすら否定するという法廷戦略をとり、弦子さん側が直接、疑問をぶつける機会もなかった。弦子さんは「被害者の感情にとって加害者の出廷は重要だ。少なくとも同じ空間で対峙することができる。しかし加害者がいなければ、自分だけが絶えず罰を受けているように感じる」と振り返った。また、性暴力を巡る民事訴訟で被害者側に過度に高い立証責任を課す傾向があることについて、「加害者側は被害者の訴えを否定すれば終わりだが、被害者側は繰り返し質問を受けてずっと苦しむ。そのうえ司法の救済がなければ、声をあげることが難しくなる」と訴える。

先述した「鳳凰週刊」の元記者、鄧飛氏を巡る裁判でも同じように被害者側に課せられた立証のハードルは高かった。米大学の研究員、何謙さん（三三）は二〇一八年夏、雑誌社でのインターン中の〇九年に鄧氏に性行為を迫られたとの文章を発表した。鄧氏が何さんらを名誉毀損で提訴した裁判では、二〇年末の一審判決が何さんに約一万二〇〇〇元（約二四万円）の賠償を命じ、二一年八月下旬の二審判決もこれを支持した。「（性暴力被害の有無について）いかなる疑問の余地もなく、確信するのに十分な証拠を示していない」。浙江省杭州市の裁判所による一審判決はこんな表現で何さんの主張を退けた。

何さんはオンラインでの取材に「被害を受け、傷つき、でも（損害賠償などで）加害者を訴える十分な証拠がない。こんな状況で司法が救済してくれなければ、声を上げる権利すら奪われる」と、弦子さんと異口同音に憤った。

強調したいのは中国国内、しかも体制内部からもこうした裁判のあり方に疑問がでていることだ。中国メディアによると、二〇二一年九月末に北京市東城区の裁判所は、職場でのセクハラ防止に関する記者会見を開き、被害の証拠がないためにセクハラ被害者の七割が「沈黙」を選択しているが、「沈黙は往々にして（被害者側の）心身に重い傷を負わせ、職場でのセクハラの黙認にもつながる。こうした行為の隠蔽性は被害者の権利保護を困難にしている」と指摘した。さらに閉じた空間で起きることの多いセクハラは被害者側が立証するのが比較的難しいとして、「（加害者側と被害者側の双方に）立証責任を合理的に分配し、被害者側の立証責任を適切に軽くするべきだ」と踏み込んだ。同裁判所の裁判官の言葉として「民事案件の高度な蓋然性という証明基準に従い、論理的な推測や生活経験に基づいて証拠を審査し、セクハラを認定してきた」とも言及している。実際に被害者側の主張が認められるケースもある。四川省成都市の裁判所は二〇年一二月、著名な公益活動家によるセクハラを認める判決を言い渡した。

弦子さんの裁判でもこうした訴訟指揮が執られれば、まったく違う判決が導かれたのではないだろうか。中国で長年、女性の権利を巡る活動に関わってきた女性は、弦子さんが敗訴した理由を三つあげる。

一つ目は前述のように被害者側の立証責任が過度に重いことだ。二つ目には、裁判官が伝統的な性別概念の影響を受けていることをあげる。権力も年齢も加害者と大きな差のある若い女性であるということを考慮して、被害者の立場や思いを考えることができないという指摘だ。そして、三つ目の理由として「社会の安定維持への考慮が司法の公正さを保つことよりも重要だったのではないか」と話す。彼女はこれがもっとも重要だとし、CCTVの著名司会者という朱軍氏の地位に注目するべきだと指摘する。セクハラ訴訟の結果が社会の安定に影響するという発想は、日本からは理解しにくいが、すでに触れたように女権運動は「境外勢力」として批判されてきた。弦子さんやその支持者らも「境外勢力」という批判を浴びており、裁判所が予断をもって審理した可能性は排除できないだろう。

†情報統制

実際、弦子さんや支援者らには強い批判が向けられた。ネット上では中傷を浴びたり個人情報をさらされたりした。MeToo運動や女権運動に対して批判的な勢力は、弦子さんらが「境外勢力」と結びついているという警戒感を隠さない。たとえば弦子さん敗訴の判決を発表した裁判所の公告のコメント欄には以下のような書き込みが目立った。「女権は反中の道具として使われている。もっとも核心的な本質は、社会を分裂させ、対立をあおり、法律に干渉し、政権を転覆することだ」

ネット上ではこうした書き込みがあふれた一方、弦子さんを支持する文章や映像は締めだされていた。弦子さん自身の微博は、第二回の開廷がもともと予定されていた二一年五月、一五日間の使用停止措置（文章などの発表ができない）が通知され、さらにその後、一年間にわたって同様の措置がとられるとの通知があった。弦子さんへの支持を表明した微信などのアカウントも凍結されたり、新たな書き込みができなかったりする状態になった。弦子さんへの中傷や朱軍氏への声援が野放しになっていたのとは対照的だ。

ネット上だけでなく、当局から直接の圧力もあった。第二回目の開廷前には、SNS上で弦子さんを支持した人が割り出され、当日に裁判所に行くことをにおわせた人は警察に呼び出され、現場に行かないよう求められた。通っていた大学から「現場に行かないように」と言われた支持者もいるという。当局から連絡を受けた大学が圧力をかけたとみられる。

また先述のように第二回目の開廷当日は裁判所周辺の広い範囲で規制線が引かれ、集まった支持者らは身分証の提示などを求められた。現場を訪れた支持者らの中には当日はなにも発信していないのに、SNSのアカウントが削除されたケースもあった。二〇年一二月の第一回の開廷時には、制限を受けながらもネット上で裁判所周辺の様子などを拡散させることが可能だったが、第二回目のときにはほとんど不可能になっていた。

当局には現場の様子をネット上で広く拡散させないという意図のほか、現場に多くの人が集まって抗議の声を上げる事態を阻止する目的もあったとみられる。裁判所が判決を公表した午後一一時ごろには、裁判所周辺にとどまっていた支持者らの携帯電話がそろって圏外になった。敗訴という情報を遮断して騒ぎを起こさせないためとみられる。どのような仕組みなのかは不明だが、中国当局が治安維持のためＩＴ技術を駆使する能力は極めて高い。裁判所前で身分証の提示を拒んだ弦子さんの支持者に対し、警察官が「どうせわかるけどね」とつぶやいたという話もある。

第二回開廷の二一年ごろは中国当局が弦子さんらへの警戒感をもっとも高めていた時期とみられる。女権運動やＭｅＴｏｏ運動に関するオフラインでの活動がほとんどできなくなり、支持者らがネット上でつながることも困難になっていた。

3 「性被害がなくならない限り、ＭｅＴｏｏもなくならない」

一審判決の後、例によって猫カフェで敗訴をどう受け止めているかを聞いた。判決のあった九月一四日夜には「疲れた」とも吐露していたが、上訴については「躊躇はなかった」と言い切った。

「わたしたちはこの案件をある種の実験として記録に残すため、すべての法律上の試みを行うと決めていた。これはわたしたちの義務とも考えていた。あらゆる努力を尽くしてこそ、ようやくわたしたちは本当の問題がどこに残っており、今後解決するべきだと言える」

こうした言葉からも敗訴はある程度予期されていた結果だったことがわかる。しかしやはり敗訴は大きな喪失感を伴い、一四日深夜には多くの支持者が涙を流した。その理由について、弦子さんは「(支援者との)心のつながりが断ち切られる」ことを指摘した。すでにネット規制や当局の圧力などによって、何らかの活動を続けることが難しくなっていたためだ。「私たちが努力を続けることはとても難しくなっていた。対話をする回路はすべて閉ざされていた。(一四日に)裁判所周辺にきた人が冒したリスクは、第一回の開廷時よりもはるかに大きい。もし互いに支え合っていなければとっくにあきらめていた。ここまでたどり着き、さらに先に進もうとしたときに、それが許されない状況だと気づいた。これはとても苦しいことだった」

繰り返し指摘するように、この時点で中国のMeToo運動は法廷の外でも強い圧力を受けていた。「境外勢力」という批判は中国では極めて強力だ。ある女性活動家はこのころ、「MeTooについて話すことは、すでに危険なことになった」と声を潜めた。

それでは中国のMeToo運動は敗北だったのか。弦子さんはそう考えていない。「女性たちの間で「心のつながり」が生まれたことこそがMeTooの意義だと思う。このつながりを断ち切ることはできない。「境外勢力」と汚名を着せられ、ネット上で実名をさらされて批判され、当局や学校からも圧力をうける。それでも多くの女性が犠牲をいとわない。その核心的な理由は、同じようなセクハラや性暴力を受けた経験をもっているからだ。彼ら（MeToo運動に批判的な人々）は、これが画策された運動だと考えているが、それは違う。誰が次に立ち上がるかは永遠にわからないし、それを止めることもできない。立ち上がって自身の経験を話すという苦痛に耐えるのは、次の（被害者となる）女性のためだ。性被害がなくならない限り、MeTooもなくならない」

弦子さんは「被害者の多くが法的な勝利を得られず、反論する機会もない。多くの女性の勇気や善意は否定されて消されてしまう」と嘆く。だからこそ国を超えた運動であるM eToo運動の意義があると話し、日本での先駆けとなった伊藤詩織さんらとも交流する。「多くの人とともに立ち上がるとき、ようやく私たちの声が消されず、歴史に書き入れられる」とも話した。

†問われる司法

二〇二二年八月、中国での弦子さんの裁判の二審判決があり、原告側敗訴が確定した（中国は二審制）。敗訴確定は日本ではほとんど報じられず、中国でも当局の規制によって報道はごく限られていた。大手メディアの報道はなく、ネット上でわずかに情報が流れただけだった。

最後の法廷で弦子さんが行った最終意見陳述は支持者らの間で広く共有された。この陳述は以下のように締めくくられた。

「審理を受けなければならないのは私だけでない。法律は条文や文書、裁判官によって成り立っているのではなく、手続き的な正義や真理の追求によって構成されている。法律に真価があるかないかは、その中にいるすべての人が公平性と道徳心を持っているか、助けをもとめた弱者が尊厳を保てるかどうかにかかっている。（略）この案件は特殊な力が働いたため、私が司法の助けを得られなかったのかもしれないが、それでも私はこのような陳述をすることにより、法廷内のすべての人に女性の苦境を知ってもらうことができると信じている」

二三年九月には、朱軍氏が名誉毀損で弦子さんらを訴え、損害賠償として六五・五万元の支払いを求めた訴訟を自ら取り下げた。朱氏は取り下げの理由などについては説明していない。弦子さん側によると、朱氏側から取り下げの申し出があり、和解などに至ったわけではないという。これによって一連の裁判はすべて終了した。朱氏が二二年四月ごろから病気を患っていると伝えた中国メディアもあるが、具体的な状況は明らかではない。

†告発対象者の偏り

弦子さんの敗訴は、セクハラなどの被害者が司法に救済を求める道が閉ざされていることを印象づけた。さらに中国で二〇一八年から始まったＭｅＴｏｏ運動の一連の動きは、政治家や官僚をはじめとする体制内の人物を告発することが極めて難しく、体制から距離のあるＮＧＯ関係者やジャーナリストなどに対する告発のみがかろうじて可能であることを鮮明にした。ましてやプロテニス選手の彭帥さんの案件のように政治指導者に関わる告発であれば、ただでさえ厳しい言論統制はさらに厳格となる。

こうした厳しい逆風の中でもＭｅＴｏｏの動きが途絶えたわけではなく、新たな展開もあった。二三年四月ごろから出版や文化関係者に対する告発が相次いだ。支援者らがまとめた記録によれば、一カ月弱の間に五人に対して、少なくとも三五人が被害を訴えた。加害者とされた五人は、出版社の創業者である範新氏、著名な脚本家の史航氏、若手作家宗城氏、「中国で一番美しい書店」と呼ばれる書店グループの創業者と経営幹部だ。

二六人から被害の訴えがあった史航氏は脚本家のほか、テレビドラマのプロデューサーなどとして多方面で活躍する売れっ子の文化人だ。二三年四月下旬から、身体を触られた、耳をなめられたなどの複数の訴えに対し、史氏は「女性の意志に反したり、いわゆる権力関係を利用していかなる侵害もしたことはない」と全面的に否定し、被害を訴えたそれぞれの女性と「多かれ少なかれ交流があった」「元交際相手との感情のもつれにすぎない」と主張した。こうした史氏の主張に反論するかのように、被害の訴えは続き、二週間たらずの間に二六人に達した。

また史氏は、未成年への性暴力がテーマの台湾の小説「房思琪の初恋の楽園」が大陸で出版された際に、推薦文を寄せていた。同書は、台湾での刊行からまもなく著者が自殺したことでも話題となり、中国大陸でもベストセラーとなって女権主義に影響を与えた。この出版社は、増刷分の同書や電子版から史氏の推薦文を削除する対応を迫られた。この出版社を含む複数の企業などが史氏との関係を絶つ方針を明らかにした。

この時期に相次いだ出版界を中心とした一連の告発は、一八年のＭｅＴｏｏ運動の初期とはすこし様相が異なる。まず告発はいずれもネット上で匿名で行われた。報道機関に対する規制を避けるためか、国内メディアを通じた告発はなかった。また、一連のネット上での告発は当局による統制や削除の対象とならず、多くの人が意外な印象を持った。複数の活動家や支援者らは、当局が性被害の告発は放置しても大きな影響がないと判断した可能性を指摘する。これまでの多くの告発と同様に、加害者側はいずれも体制から距離のある立場にあったことから、当局が黙認した面もありそうだ。いわゆる官製メディアはこの時期の告発に対して、肯定的か否定的かを問わず報道や評論をあまり出さなかった。

†進歩か、行き止まりか

一方、この時期に告発した被害者はいずれも司法による救済を求めなかった。被害を告発した女性らはネット上で「立証責任が高すぎる」「十分な証拠が集められない」などとその理由を記した。弦子さんや何謙さんの裁判で明確になったように、中国の司法はセクハラの被害者側に極めて冷たい。裁判を通じて救済を求める道が「行き止まり」（弦子さん）だという認識は広く共有されている。

この時期には当局に対して、なんらかの法改正や制度改革を求める動きもほとんど見えなくなった。そうした動きが当局の警戒を引き起こす事態を避ける意識が働いたとみられる。数年前にあった民法典の制定や婦女権益保障法の改正が「結局は女性を取り巻く状況になんの役にも立たなかったというあきらめもあった」（日本在住の女性活動家）との指摘もある。

司法による救済が封じられ、制度改革を求める動きも望めない中国の女権運動にとって、ネット上で被害を訴えるということが残された唯一の手段になったといえる。

女性活動家の一人は、二〇一八年と比較して「明らかな進歩もある」と指摘する。被害者同士や支援者らが素早く連携し、告発の動きを推進していたことだ。史航氏に対する告発が二六人にのぼったように、以前にもあった相互の連携はより強力になり、「被害を訴える」ことのハードルは下がったともいえる。一八年以降に続いてきた告発の波は、かつて見えなかったセクハラの存在を可視化させる効果があったのは間違いない。

もちろんこうした進歩は限定的だ。とくにネット上での告発に頼るしかない状況はいびつともいえる。司法による救済が望めない以上、被害者らが求めるのは加害者の「社会的な死」となる。女性を中心とするネット世論に押されて、加害者とされた人物が公の場から姿を消すことは中国でも相次いでいる。たとえば史航氏はその一例だ。

しかし事実関係や法的責任がうやむやのままになっているため、加害者が公の場から姿を消しても一時的なものにとどまるケースが少なくない。元著名記者の鄧飛氏や、B型肝炎患者の支援にあたってきた雷闖氏は、二三年ごろには以前とほぼ同じように活動するようになった。ある女性活動家は「体制内であれ、体制外であれ、力を持っているのは男だ。加害者を取り巻く男たちは結局、女性の訴えを軽視して加害者をまもる」と指摘する。

おそらくこのころから、性被害を訴えるネット上の投稿が「小作文」とやゆされるようになった。ここでの「小」は、日本に対する蔑称「小日本」で使われる「小」と同じようなニュアンスだ。告発が多数にのぼったこともあり、被害を訴える文章が定型化し、どれも似たような書きぶりとなったことも背景にあるだろう。

この時期の被害の訴えが匿名だったことも関係している。セクハラ被害を訴えた女性は、ネット上で個人情報をさらされる「人肉捜査」の標的となることが珍しくない。そうした事態を避けるためには被害を匿名で訴え、個人情報につながるような具体的な情報の記述を避ける。結果として、被害を訴える文章はどれも似た読後感となる。史航氏による被害を訴えた女性の一人は、自らの告発を「典型的な小作文」と自嘲気味に記して公開した。

一方で「小作文」のような蔑称の存在は、性被害の告発を批判的に受け止めている人々(主に男性とみられる)が少なくないことを示す。有名人を巡るセクハラや性暴力の訴えは、被害者側の訴えを無条件に信じる人々と、それを否定する加害者側の主張を無条件で支持する人々に分断されがちだ。

日本でも似た状況といえるが、中国の場合は、先述のように被害者が司法の場における事実関係の審理を求めない傾向が強まっているため、被害の訴えは言いっ放しで終わりがちだ。被害を訴えるという点で連携した女性たちが、さらに前に進むことは容易ではない。そうした限界は活動に関わる多くの女性が強く意識している。日本に住む中国人女性は「連携した先に何があり、何をするべきか。いまは誰もがそれを模索している」と話した。

第四章

中国社会に響く不協和音

2022年2月、河南省鄲城県の郊外にある公立小学校前で、校門を出て下校する子どもたちを迎える保護者ら。祖父母が多い。(筆者撮影)

1　急速な少子化とちぐはぐな対応

†日本より速い少子化

中国に滞在したことのある人なら、中国の体制側の人物などから、共産党が指導する中国がいかに正しくて素晴らしく、未来がどれほど輝いているかをとうとうと説明された経験は少なくないだろう。共産党機関紙「人民日報」をそのまま読み上げたような話にすこしうんざりさせられる。あるとき中国の元外交官にこう切り返してみたことがある。「そうですね、中国は経済力も科学技術力も日本を追い抜き、少子化でも日本をあっという間に追い越しました」。その元外交官はすこしムッとした顔をしていたが、「中国の人口規模は十分に大きく、人口の「質」も向上しているので問題ない」と返してきた。

筆者の発言はすこし趣味が悪かったかもしれないが、実際、中国の少子化はスピードが極めて速い。日本の出生数は、一九八三年の約一五〇万人から二〇二三年の七五・八万人に、四〇年かけてほぼ半減した。一方、中国は直近のピークである一六年の一七八六万人から二〇二三年の九〇二万人に、わずか七年間でほぼ半減している。三〇年前後と予測さ

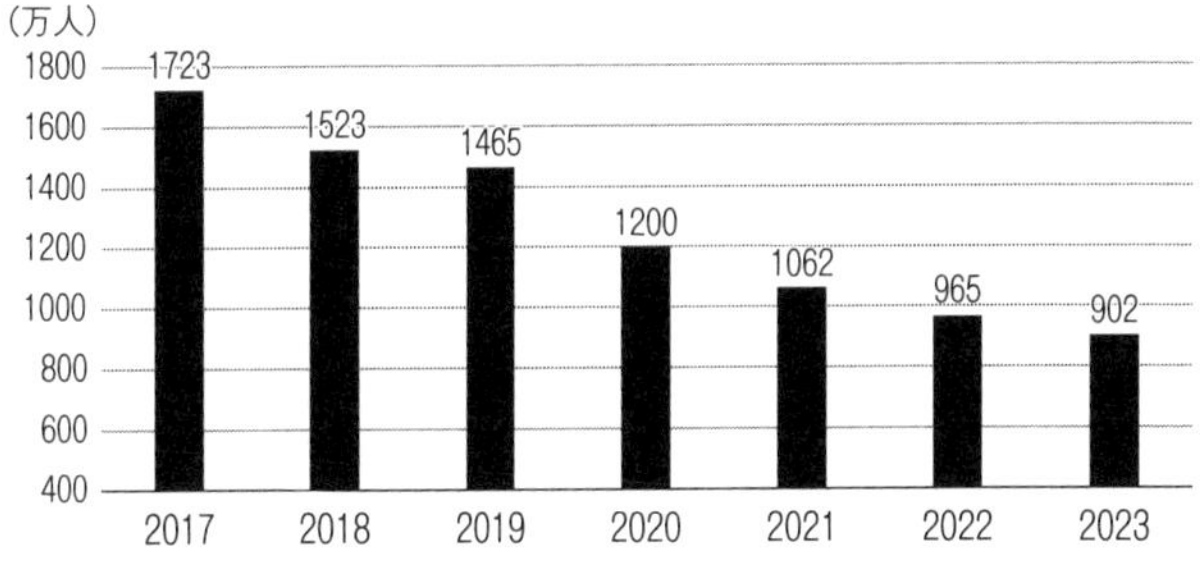

図４－１　中国の出生数の推移
中国国家統計局より

れてきた総人口の減少も、予想よりだいぶ早く始まった。二二年から総人口が減少に転じ、二三年も二年連続で減った。同年末の総人口は、前年比二〇八万人減の一四億九六七万人だった。

新型コロナウイルス禍はあったにせよ、戦争や大きな自然災害などが起きていない社会において、一〇年に満たない期間に出生数が半分になるのは尋常ではない。中国政府は例年、一月中旬に前年の国内総生産（GDP）成長率などとともに前年の推計人口を発表している。中国の少子化は日本でも年々注目度があがっており、北京に滞在中はこの現象をどのように説明するか毎年頭をひねっていた。

日本のメディアでは、約四〇年続いた一人っ子政策の後遺症や、高止まりする教育費と子育て費用、経済状況の悪化などを少子化の要因として説明するのが一般的だ。後でみるように、どれも要因の一つであることは間違いないが、これほど急速な少子化の進展を説明するには物足りない。この章では中国政府の少子化対策がちぐはぐであることとともに、若者――とくに女性の結婚観や家庭観の変化も背景にあると指摘したい。

†一人っ子政策からの転換

中国では一九四九年の建国以来、急激な人口増加が続いた。建国の父、毛沢東は「人口は多ければ多いほどいい」という考えだったという。しかし多すぎる人口は食糧難（喫飯問題＝飯を食う問題）をもたらし、経済発展の足かせになるという危機感が強まり、毛沢東が死去した後の七九年には厳しい人口抑制策が始まった。夫婦一組の子どもを一人に制限するいわゆる「一人っ子政策」であり、八〇年代以降に罰則や宣伝工作などが徐々に強化されていった。

経済成長も背景にして、中国の出生数は減少傾向が基調となった。一人っ子政策は、就業年齢人口（一五～五九歳）が減少に転じた二〇一二年ごろから段階的に緩和され、一四年には夫婦のどちらか一方が一人っ子なら二人目の出産が認められた。

全面的に第二子が認められたのは一六年一月からだ。その前年の一五年一〇月、共産党の重要会議である第一八期中央委員会第五回全体会議（五中全会）で、コミュニケ（声明）に「夫婦一組が二人の子どもを持てる政策を全面的に実施する」と政策転換が盛り込まれた。さらに同年一二月には「人口・計画出産法」を改正し、「国家は夫婦に子ども二人の出産を提唱する」と明記された。

家族の形や夫婦間の営みにまで、国家が直接手を突っ込む一人っ子政策には当然ながら反発が多く、人権侵害であるとして海外からの批判の的となってきた。一人っ子政策は、とくに農村部で強固に残っていた男児優先の考えとの食い合わせが悪く、副作用といえる多くの問題を生み出した。

たとえば、戸籍のないまま育った「黒孩子（ブラック・チルドレン）」の存在だ。第二子以降の出産に対する多額の罰金などを恐れたり、第一子の女児の存在を隠したりしたため、出生届が提出されなかった子どもを指す。出生数を少なく見せかけて計画出産の成績をとりつくろうため、地元政府が出生届を受理しなかったケースもあるとされる。中国政府も「黒孩子」が約一三〇〇万人に上ることを認めている。また一人っ子に先立たれ、老後の生活や介護などに不安を抱える高齢者夫婦は「失独老人」と呼ばれ、全国で一〇〇万世帯以上とされる。一五年に一人っ子政策が転換した際、こうした人々から遅きに失したという批判が巻き起こった。

すこし話がそれるが、中国で生活していると、男児を好む考えの強さにたびたび驚かされる。「招弟」「招児」というような女性の名前は、いずれも両親が弟の誕生を願ってつけたものだ。北京で働く女性は、かつて父親の携帯電話の末尾が「１７１２」だったという。「要妻要児」「有妻有児」と発音が近く、「妻に男児が授かる」との験担ぎだ。「子どものころ父はこの番号をすごく自慢していた。そんなに男の子がほしいのかと思ったことを今でもよく覚えている」と振り返った。この女性は一人っ子だ。

現在、中国では男性が女性より約三五〇〇万人も多い。男児を優先する考えから、多数の女児が人工妊娠中絶の対象となったためだ。日本の大学に留学している中国人女性は「私には、中絶によってこの世に生まれなかった姉がいる。第二子を妊娠したときに母の体調が悪くて中絶ができず、私は幸運にも生まれてきた」と話した。生まれなかった女性たちの声は永遠に聴くことができない。

もっとも一人っ子政策の転換はこうした反発や問題の存在を受けて実現したわけではない。先述の五中全会のコミュニケにも「人口の均衡ある発展を促す」とあるように、政策転換は労働力不足などの経済的な動機によってもたらされた。

一人っ子政策の転換には政府の計画出産部門が反発してきた。どんな政策でも四〇年近くも続けば、それを支える巨大な官僚機構や利権が生まれる。しかし政策転換に伴って、こうした部門も廃止や組織再編の対象となった。一八年九月には国家衛生健康委員会が、

「計画出産」の名が入った三つの部署を廃止した。同委員会自身も、国会衛生計画出産委員会から改称されたものだ。

†少子化への焦り

少子化に対する習近平政権の焦りが鮮明になってきたのは、第三子の出産が解禁された二〇二一年ごろからだ。五月末には習政権は第三子解禁の方針を示し、八月に人口・計画出産法を再び改正した。ただし当局が出生数を管理する政策の枠組みはなおも残されている。

習政権は同年七月、産児制限違反に対する実質的な罰金だった「社会扶養費」を廃止すると発表した。二人目以降を産むととられるこの社会扶養費は平均年収の数倍にも達し、長年続いた人口抑制政策の根幹を支えていた。発表では、関連法の改正や託児サービス充実などを進める方針を示したほか、三歳以下の子育て費用の税控除や、子育て家庭への家賃補助と住宅購入支援策を検討すると踏み込んだ。これ以降、少子化に関する党や政府の会議や政策発表が相次いだ。

「人口問題は中華民族発展の基礎的、全面的、戦略的問題だ」(当時の首相李克強氏)として、少子化が将来の国力に影響するという危惧が広がりつつあった。後に登場する人口問題の専門家、梁建章氏は中国メディアに「巨大な人口は（国にとって）負担ではなく、資源であるという認識の転換があった」と指摘した。

習政権の焦りの直接原因は、一人っ子政策から転換した一六年以降も少子化の進展が止まらなかったことにある。

政策転換を発表した直後の一五年一〇月、国家衛生計画出産委員会（当時）が示した推計では、政策転換によって九〇〇〇万組の夫婦が第二子を産めるようになり、年間三〇〇万～五〇〇万人の第二子の出産が続き、ピークとなる一七年には出生数が年間二〇〇〇万人を超えると見通した。さらに二〇年代を通じて人口増が続いて三〇年には総人口が一四・五億人に達するとも予想した。

しかし実際には、すでに述べたように転換直後の一六年こそ、出生数は前年比一三一万人増の一七八六万人に達したが、一七年からは一貫して出生数が減少している。同委員会の予想は驚くほどの大外れだった。一八年九月に取材に応じた中華女子学院法学院元教授の劉明輝弁護士は「政府は、二人目の出産を認めれば、出生数が増えると楽観的に考えていた」と見通しの甘さを指摘した。

一人っ子政策が中国の人口の抑制にどれくらい効果があったのかは議論がある。社会が豊かになるにつれて出生数が減少する傾向は多くの国や地域に共通している。一人っ子政策による人口抑制効果は実はそれほど大きくなかったという指摘もあるが、本書の手に余るテーマなので深入りはしない。しかし一人っ子政策が転換された一〇年代半ばまでには、この政策による人口抑制効果はかなり小さくなっていたと推測できる。前述の予測が大きく外れたことからも、少なくとも中国政府の想定よりもかなり小さかったのは間違いない。

地方によっては出生率の落ち込みはさらに激しい。二一年九月末に安徽省政府が発表した数字は「安徽ショック」と呼ばれた。当時雑談した党関係者も「信じられないような衝撃的な数字」と形容した。人口約六〇〇〇万人の同省の出生数は一九年の七六・六万人から一気に下がり、二〇年は六四・五万人、二一年は五一・六万人だった。二一年九月の発表時点で安徽省政府は同年の出生数を五三万人と見積もっていたが、それをさらに下回った。安徽省政府が九月という中途半端な時期に人口に関する発表を行ったことについて、この党関係者は「危機感を党中央に訴えるためではないか」と推測した。

†政策変更の皮肉な副作用

一人っ子政策の廃止は、女性の労働市場での立場を悪化させ、結婚や出産に二の足を踏む女性が増えるという皮肉な結果ももたらした。とくに出産適齢期の女性が職探しで冷遇される傾向は、一人っ子政策の廃止直後から強まった。

「女はいらないとはっきりいう会社もある」。二〇一八年夏、北京のＩＴ企業が集まる北京市海淀区の中関村で開かれた企業説明会を取材すると、北京の名門大学を卒業したばかりの女性が暗い表情で話した。面接で「結婚の予定はあるか」「子どもは何人産むつもりか」などとセクハラまがいの質問を受けることも少なくないと明かした。

中国国内で働いた経験のある在日の中国人女性は雇用の際に「妊娠していない」「当面、子どもを産む予定はない」という内容の誓約書を書いたことがあると証言する。こうした状況はその後も続いている。二三年一月には出勤初日に会社側に既婚者であることを知られ、「妊娠したら会社としては面倒。会社が採用したいのは安定していて、妊娠しない人」と告げられて解雇されたというニュースが話題となった。

広東省広州市で女性の雇用に関する法律相談を受ける民間団体の関係者は一八年の取材に「女性を雇いたがらない企業が増えている」と憤った。先の劉弁護士も、育休中の社会保障や税金の支払いなど企業の負担が大きいため、「政府の労働部門は女性差別を見て見ぬふりしている。中国の法律では、働く母親を守る法律や制度が十分ではない」と批判した。

中国当局も対策を打とうとしている。政府は二一年八月の「人口・計画出産法」改正による第三子解禁にともない、地方政府に対して産休や育児休暇制度の整備を指示した。これを受けて二一年秋から二二年春ごろにかけて、各地方政府が産休・育休を延長する方針を相次いで示した。たとえば北京市では従来の一二八日から一五八日に延長され、さらに雇用側と相談して一〜三カ月の延長が可能となった。一方、男性は一五日間の出産付き添い休暇が取得できるほか、母親に割り当てられた休暇を父親が代わりに取得することもできる。各地方政府で導入された制度もおおむね北京と同じだ。中にはそれを上回る日数を設定した地方もある。

決して悪くない制度改正にみえるが、産休・育休の延長方針は逆に反発を招いた。中国の育休制度は基本的に女性を対象とし、男性の育休取得は一般的ではない。先の劉弁護士の指摘のように、企業への補助も乏しい。そのため産休・育休の延長によって、出産を控えた女性の雇用を敬遠する企業がさらに増えると予想された。中国経済紙「第一財経日報」は二一年一二月に「出産奨励政策のコストの企業への転嫁に警戒すべき」と題する社説で、「育休延長は労働市場における女性差別を悪化させ、働く女性の出産意欲をさらに低下させる」と指摘した。

このころ中国メディアが広く引用した華中科技大学の石人炳教授らの研究によると、子どもが一人いる女性の就業率は六・六％下がり、二人の場合はさらに九・三％低下するという。出産奨励を目指す当局の政策が「女性の視点に欠けるため、逆効果や反発を生んでいる」（北京の大学教授）という批判は説得力がある。

†補助金の直接支給は広がらず

人口問題について積極的な発言を続けている梁建章氏（四九）は、中国の旅行サイト最大手、携程旅行網（シートリップ）の創業者でもある。上海に生まれて復旦大学を経て、二一歳で米ジョージア工科大学で修士号を取得、米IT大手オラクルなどで働いた後に帰国して一九九九年に同社を設立した。二〇〇六年に経営から一時退き、米スタンフォード大でイノベーションと労働市場などについて研究し、博士号を取得した。人口問題に関する知見はこのころに得たようだ。一三年から同社経営に復帰し、取材した一九年当時は同社会長だった。

梁氏は「少子化対策を急がなければ、イノベーションや起業をもたらす社会の活力も失われ、中国は経済成長を維持できなくなる」などと訴え、早い時期から中国の人口減少が経済力の低下につながると警鐘を鳴らしてきた。梁氏が主張する少子化対策は、政府に大規模な支出を求めることに力点がある。梁氏の持論では、合計特殊出生率を〇・一ポイント上げるには国内総生産（GDP）の一％程度の対策費が必要となる。少子化に悩む国の多くが対策にGDPの二～五％を費やしているといい、梁氏は一九年の時点で「中国は少なくとも二兆元（約三二兆円）の対策が必要だ。税金や社会保障負担の軽減、託児所の整備などを進め、子育ての負担を減らすべきだ」と話していた。

梁氏らが設立したシンクタンク育媧人口研究が二四年二月に公表した「中国出産コスト報告2024版」によると、中国で子どもを一七歳まで育てるには全国平均で五三・八万元（約一一〇〇万円）かかり、一人あたり国内総生産（GDP）比では六・三倍となる。これは日本の四・二六倍、米国の四・一一倍を上回る。なお上海では一〇一万元、北京では九三・六万元と大都市ではさらに跳ね上がる。

同報告が示す少子化対策の柱は、子育て家庭への補助金だ。たとえば子ども二人の家庭には子ども一人あたり毎月一〇〇〇元（約二万円）、子ども三人以上の家庭には一人あたり二〇〇〇元を補助するべきとする。これは「少子化は最終的にはお金の問題」とみる梁氏の考えに沿った解決策といえる。

中国政府は国全体での補助金支給に消極的だが、これに踏み切る地方政府も出ている。たとえば人口約一二〇万人の四川省攀枝花市は二一年、二人以上の子どもを持つ世帯の三歳までの子ども一人につき毎月五〇〇元（約一万円）の支給を始めた。中国メディアによれば、同市都市部の一人あたり可処分所得の一割強に相当するという。

雲南省や山東省済南市なども補助金支給に乗り出しているが、中国全体からみれば直接給付は多くない。不動産不況などによって地方政府の財政が悪化しているためだ。中央政府には財政的な余力がまだあると指摘されるが、全国の子育て世帯への直接給付は桁違いの支出増となるだけに、政策的なハードルがかなり高いだろう。中国は新型コロナウイルス禍でも直接給付という対策はとらなかった。

ところで、梁氏が創業した携程旅行網は、一八年七月から三〇歳以上の女性社員を対象に、将来の出産に備えた卵子凍結に一〇万元（約一六〇万円）以上の補助を出す制度を始めた。同様の制度は米IT大手のアップルやフェイスブック（メタ）などにあったが、中国では初めてだった。梁氏は「いつ出産するかについて女性社員に選択肢を提供したい」と話した。

このほか妊娠した女性社員のタクシー通勤を全額補助しており、同社は年間計三〇〇万元を支出する。子どもが生まれた社員に三八〇〇元をおくる制度もある。同社で広報などを担当する女性社員の孫天旭さん（三五）は「会社が出産に対して肯定的だというメッセージになる。第二子、第三子を産んだ社員もおり、効果を実感している」というが、梁氏自身は「統計がないため、実際にどれだけ出産が増えたかは不明だ。一企業の対策には限界もある。女性が子どもを産めばキャリアの中断は避けがたく、企業にも影響が出る。だからこそ政府の政策が必要だ」と話した。

†反発生む教育費の負担軽減策

中国の政策はすでに「産むな」から「産めよ増やせよ」に一八〇度転換したといえるが、歯車を逆回転させるのは容易ではない。中国社会では一人っ子がスタンダードとなって久しい。たとえばホテルで「家族ルーム」といえば、夫婦と子ども一人の利用が想定されている。

中国では夫婦が理想とする子どもの数が際だって少ない。「中国出産コスト報告2024版」が引用する国家衛生健康委員会の統計によれば、理想とする子どもの数は二〇一九年に一・七三だったが、二一年には一・六四にさらに下がった。経済協力開発機構（OECD）加盟国平均では二・二三であり、日本や韓国も二を上回る。

同報告書は、両親にのしかかる時間面のコストについても触れる。たとえば小学生の保護者が子どもの宿題に付き添う時間は一週間あたり五・八時間と算出する。家事や育児に対する負担は主に母親が担っていることにも言及し、「女性が出産と育児に負担する時間的コストと機会費用が過度に大きく、仕事での成功の機会を手に入れるかわりに、出産を放棄せざるを得ない女性もいる。これが中国の低出生率の原因のひとつだ」と指摘する。

激烈な受験競争を背景に、高止まりする教育費も少子化の元凶としてやり玉に挙がる。

二一年七月に中国政府が発表した通知「双減（二つの軽減）」は、中国の教育界や子どもを持つ家庭に衝撃を与えた。通知の正式名は「義務教育の生徒・児童の宿題負担と校外教育負担を一層軽減することに関する意見」。子どもの学習負担と家庭の教育費が少子化を招いているとして、学習塾の規制強化など強硬な政策を打ち出した形だ。

学校の宿題については、小学一～二年生には筆記式の宿題を禁止したほか、小学三～六年生の宿題は六〇分以内で終えられる分量、中学生は九〇分以内などと細かく定めた。さらに学外教育を徹底的に規制した。学習塾の新設は認めず、既存の学習塾には非営利組織化することを求めた。週末や祝日、夏休みの塾での授業も禁止された。

一〇兆円を超える市場規模とされる中国の教育産業は大きな打撃を受けた。学習塾大手の新東方教育科技や好未来教育集団などの株価は五割以上も下落した。塾講師などは若者の雇用の受け皿となってきたが、学習塾の倒産や従業員の解雇が広がり、新東方は二一年に六万人を解雇したとされる。政府の政策が教育業界に混乱を与えた上に若者の失業率上昇に拍車をかけた。中国のショッピングモールでは上のほうの階に、学習塾や子どもの習い事の教室などがずらりと並ぶことが珍しくないが、二一年後半以降は倒産や移転によって空き店舗が目立つようになった。

しかし教育費の負担軽減への効果は疑問視されており、逆に負担増につながったという指摘もある。中国では学歴重視の考えが強固であり、先の梁氏は「塾などの供給を抑えても、（高学歴を目指す）需要はなくならない」と切り捨てた。小学生の子どもがいる北京の男性は「双減だからといって勉強させなければ、子どもの勉強が遅れる。子どもの負担は変わっていない」と話した。

このころ取材に応じた北京市の女性会社員は、小学校が夏休みに入った一人っ子の息子のために名門学校の教師を招いた。名門中高校の教師が週末や長期休暇に家庭教師や塾講師のアルバイトをするのは珍しくないようだ。一時間二〇〇〇元（約三万四〇〇〇円）という破格の謝礼は、一緒に授業を受ける子ども六人の家庭で割るが、授業は午前中だけで四時間。午後はほかの習い事に通わせる。女性は「塾に行けなければ家庭教師を雇い、負担はますます大きくなる。第二子なんて考えたこともない」と話した。習政権は職業学校を後押しする政策も同時に打ち出したが、「普通学校の門が狭くなり、競争が激しくなるだけ」と冷ややかだった。個別指導や小グループでの授業、家庭教師などはおおっぴらに看板を出して宣伝することはなくなったが、口コミや親同士のつながりを通じて密かに仲介されるようになった。

†ちぐはぐな少子化対策

二〇二一年ごろからほかにも少子化対策が相次いで打ち出された。たとえば、同年九月には中国当局は「医療目的ではない」妊娠中絶を減らす方針を示した。また中国メディア関係者によると、増加傾向が続いていた離婚も少子化の一因とみなされたため、芸能人の離婚報道を小さく扱うように指示が出たという。

さらに二一年一月には、離婚を申請してから三〇日間の冷却期間を設ける「離婚冷静期」制度が導入された。三〇日以内なら夫婦のどちらか一方の申し出によって離婚申請を撤回できる。一九年に四七〇万組だった離婚件数は二〇二二年には二八八万件となり、四割近く減った。この制度の導入による直接的な効果があったとみられる。また、中国の女性活動家は新型コロナウイルス禍で離婚手続きが滞ったことや、地方政府が離婚届の受理に消極的となった可能性を指摘する。離婚数を低く抑えることにより、中央政府にアピールするためだ。

この制度は、家庭内暴力の被害を防ぐことが難しくなるとの懸念が当初から指摘されていた。実際、二三年七月には広州市で離婚冷静期の間に夫が妻を殺害する事件も起きた。先の活動家は「中国では大半の離婚は女性側が申し立てる。離婚冷静期は実質的に、女性の離婚する権利を制限している」と話す。また、この制度は離婚へのハードルを上げる効果があったものの、同時に結婚へのハードルも上げてしまった。後に触れる婚姻数の減少に拍車をかけ、やはり少子化対策にとって逆効果になった可能性がある。

ほかにもちぐはぐな少子化対策は少なくない。たとえば、官製メディアである雑誌「中国報道」(電子版)は二一年一一月、「党員が結婚出産しないことは許されない」「子ども三人の政策の実現はすべての党員の責任だ」とする評論を掲載した。「(党員が)年齢や健康上の理由で子どもをつくれない場合は、周囲に三人産むように指導できる」とも記した。約一億人の中国共産党員が実際に子どもを三人もうければ、強力な少子化対策となるだろうが、さすがに強い批判を浴びてこの評論は取り消された。結婚したばかりの若い党員にこの話を向けると、「そんなに簡単じゃないですよ」と苦笑していた。

二一年七月に公表された少子化改善に関する政府方針では「宣伝指導の強化」が打ち出されている。中国メディア関係者は「一人っ子政策と同じように、政府が市民の私生活をコントロールしようという発想だ」と憤る。中国共産党政権にとっても、「産ませる」は、「産ませない」よりもはるかに難しい。

2　結婚に背を向ける

†婚姻数も激減

中国では出産が結婚と強く結びつき、婚外子は基本的に統計にはあらわれない。出産の際に必要な出産許可証に、結婚証明が求められるためだ。少子化対策の一環として、四川省など一部で婚外子の出生登録が認められるようになったが、婚姻数と出生数に強い相関関係がある状況は変わらない。

そんな中国で婚姻数が激減している。直近のピークだった二〇一三年に一三四七万組だった婚姻数は、二二三年は七六八万組で四割以上も減少した。この減少のスピードもやはり日本を大きく上回る。結婚離れが進んでいるといわれる日本の婚姻数は二〇〇〇年に約八〇万組だったが、二二三年に初めて五〇万組を割って約四九万組となった。中国の出生数は一九八七年以降はおおむね減少傾向が続いて結婚適齢期の若者の人口が減っており、今後も婚姻数は減少が見込まれている。一人っ子政策の後遺症として、男女の人口が不均衡になっていることも婚姻数減少の一因だ。二二三年に増加したのは、コロナ禍での急激な落ち

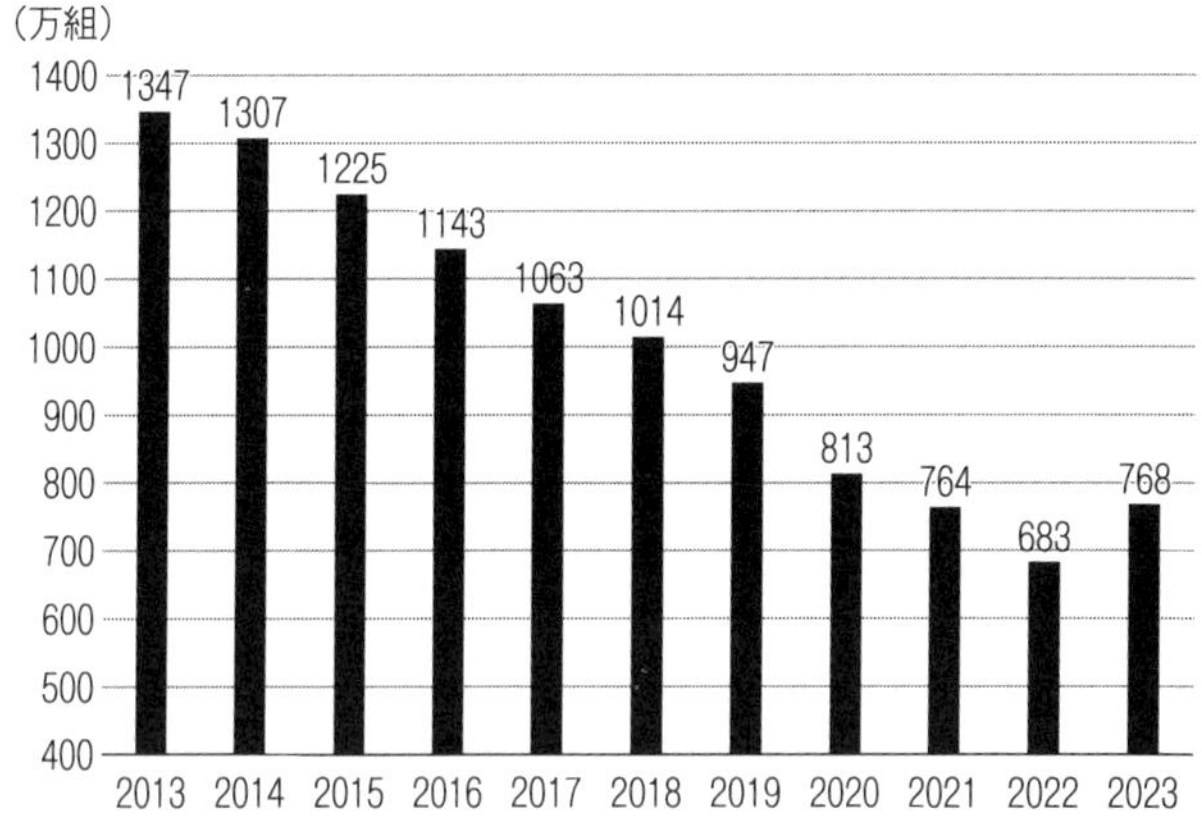

図４－２　中国の婚姻数の推移
中国民政省の統計による

込みからの一時的な反動とみられる。

初婚年齢もあがっている。中国の国勢調査によれば男性の初婚年齢は一九九〇年の二三・五九歳から二〇二〇年は二九・三八歳にあがり、女性は同時期に二二・一五歳から二七・九五歳にあがった。例によって上海や北京などの大都市ではさらに高い。

共産党が指導する青年組織の共産主義青年団（共青団）が二一年に都市部の未婚の青年（一八～二六歳）約二九〇〇人に行った調査によれば、「結婚しない」「結婚するかどうかわからない」と答えた女性は約四四％に達した。男性の約二四％に比べると圧倒的に多い。日本でも結婚に否定的な若者が増えているが、男女の差はそれほど大きくなく、調査や年代によっては男性のほうがより否定的だ。中国では若い女性の結婚への否定的な態度が際立つ。中国のネット上では「結婚は人生の「必須項目」から「選択項目」に変わった」という書き込みもあった。中国の公式統計によると、一五歳以上の単身者は二億三九〇〇万人に達する。

†結婚も子育てもハードルが高い

結婚したがらない若い女性とはどのような人たちだろうか。二〇二二年春ごろ北京で、結婚を選ばないという複数の女性に話を聞いた。飲食店で働く遼寧省出身の三〇代の女性は三人姉妹の末っ子だ。もう何年も家族や親戚が集う春節（旧正月）に帰省していないという。「帰るたびに父は「娘ばかりで恥ずかしい」と酔っ払って愚痴り、母や私たち姉妹のせいにする。結婚を促されるのもうんざりするし、新型コロナはちょうどいい口実だ」。両親は子どもの教育のことでけんかが絶えなかったといい、「母は子どものために尽くしてくれたが、自分にそれができるとは思えない」と話した。

山西省出身の二〇代の会社員女性は「結婚相手を見つけて交際し、結婚して子どもを産んで育てる。どれもハードルが高くて、自分にはできそうにない。とくに北京のような大都市では子育てにかかる費用や労力は想像すらできない。恋愛や家庭に労力や時間を使うよりも、自分で時間もお金も自由に使いたい」と話した。男性への失望を口にする女性もいる。北京市出身の三〇代の会社員女性は「男、とくに中国の男が信頼できないという感覚がある。家事や育児を平等に負担してくれる男が見つかるとは思えない。仕事に集中したい」と語った。

こうした女性たちの言葉の背景には、先述した教育費の高騰のほか、高止まりする若者の失業率や中国経済の将来への不安などがありそうだ。一方で、より前向きに評価できる面もあるだろう。結婚と出産を至上命題とする伝統的価値観から離れて、人生の重大な選択をめぐり、女性自身が自己決定権を握りつつあることだ。

†伝統的価値に背を向ける若者

習近平政権は、こうした価値観の変化が少子化の原因であるとして問題視し、危機感を抱いている。第二章でみたように習近平国家主席は二〇二三年一〇月に中華全国婦女連合会の幹部を前に「結婚と出産に関わる新しい文化を積極的に養い、若者の結婚恋愛観、出産観、家庭観への指導を強める」と語った。

この指示を受けたかたちで、同連合会傘下の中国婚姻家庭研究会は二三年一二月に「正しい結婚恋愛観、出産観、家庭観を打ち立て、家庭、家庭教育、家風の建設と質の高い発展の推進」というテーマで年次総会を開いた。このテーマがすでにこの年次総会の性格を物語っているが、同研究会のホームページによると、出席者らは「家庭に関する宣伝を強め、結婚意欲を駆り立て、結婚恋愛家庭への指導を強化し、「恐婚」の憂いを打ち消す」(内モンゴル自治区婦連党組織書記)などと宣伝や指導、教化の重要性をこぞって強調した。一方、少なくともこのホームページの記述からは具体的な対策は見えてこない。浙江省婦連の副主席が定期的な「交際サービス」を作り、オンラインとオフライン合わせて四三〇回の活動を行ったと紹介しているくらいだ。いわゆる出会いの場を提供しているということだろう。

こうした宣伝工作や、それが強調する伝統的な価値観に若者は背を向ける。流行語にもそうした若者の姿が現れている。複数の日本のメディアも取り上げた「寝そべる」という意味の「躺平(タンピン)」は、受験や就職などの激しい競争に疲れた若者が、高い社会的地位の追求や、住宅や車などの高額の消費などのほか、恋愛や結婚、出産などをあきらめることを指す。二一年春ごろからSNSで広まった。同年七月にはちょうど共産党創建一〇〇周年の記念式典を控えており、「奮闘」「勝利」「中国の夢」などと人々を駆り立てるスローガンが中国社会にあふれていた時期でもある。「躺平」にはそうしたプロパガンダへのささやかな抵抗という側面もあったと感じた。官製メディアが「躺平は恥だ」「若者は奮闘せよ」などと否定的に伝えたことは、その傍証といえるだろう。

「不婚族」「恐婚族」などは「タンピン」よりもっと直接的に結婚を否定する。先の結婚を選ばない女性たちのように、自らの自由や生き方、幸福を重視する人々を指す。インスタグラムに機能が近い中国のSNS、小紅書（RED）には「不婚不育（結婚せず出産せず）」というハッシュタグによる投稿が大量にある。典型的には、三〇代から五〇代の華やかな容姿の女性が「不婚不育の生活はどんなものか」と私生活の一部を肯定的に紹介し、多数の「ハートマーク（賛同）」を獲得する。コメント欄をみると、やはり「不婚不育」に肯定的な書き込みが目立つ。

なお中国のSNSに関するデータを分析している「千瓜データ」の二〇二四年のレポートによると、小紅書のユーザーは女性が七割を占め、アクティブユーザーに限ると八割近い。ユーザーの居住地は、上海や北京のような大都市である一線都市とそれに準じる準一線都市で七割を占める。年齢的には一八～三四歳が四分の三に達する。人気の話題は美容、旅行、ファッション、仕事、芸能などだ。消費性向が高くて生活を楽しむ大都市のエリート女性が、主要なユーザー像として浮かぶ。

小紅書は、いわゆる「リーンイン・フェミニズム」の中国での主な舞台のひとつとも指摘される。「リーンイン・フェミニズム」は、男性中心の社会に適応し、男性と同様にキャリアを積み、共働きで仕事と子育てを両立しているエリート女性というイメージだ。第一章で取り上げたインフルエンサー全嘻嘻氏（上野千鶴子氏と対談して批判を浴びた女性）もそうした存在といえ、小紅書にも約四五万人のファンを持つ。小紅書では、彼女のようなキラキラした女性とともに、「不婚不育」を唱えるやはり華やかな女性が目立つ存在になっている。

†不服従としての不婚不育

「不婚不育」は女権主義と距離をとる女性にとってもひとつの選択肢となりつつあるといえるが、「不婚不育」に女権主義の強いメッセージを読みとる分析もある。

本書で何回か登場した在米の女権活動家、呂頻氏が発表した文章を頼りに見ていこう。文章のひとつは、中国語ネットメディア「歪脑」（WHYNOT、WAINAO）に掲載されたものだ。このメディアは、米政府系メディアの「ラジオ・フリー・アジア」（RFA）が主に若者をターゲットに二〇一七年に設立した。中国の女権運動についても積極的に報道しているが、RFAの傘下にあるという事実はあまり強調していない。もうひとつはトルコメディア「TNTワールド」に寄稿したとみられる文章だが、トルコメディアに寄稿した経緯は不明だ。

一九七二年生まれの呂氏は、自身も二〇年前に「子どもを産まない」と決めたと明かし、

「毎日、自身が賢明だったことを喜んでいる」と記す。一方、「貧困や孤独、頼る人がいないことなどの対価も毎日、経験している。「産まない」ことをバラ色に描くことはできない」とも言及する。呂氏は、女性が「産まない」という選択をする背景として、教育や子育てにかかわるコストや、中国で結婚と出産の前提となる住宅の購入価格が高騰していることを原因としてあげる。さらに男女間の不平等を挙げ、職場や家庭に根強く残る差別が結婚と出産から女性を遠ざけているとの見方を紹介する。

しかしこうした見方は「重要だが、不十分」だと指摘する。女性が本質的に出産に前向きであり、「産まない」という選択は常に不本意なものであると前提されているためだ。多くの女性は必ずしも否定的で不本意なものとして「不婚不育」という選択肢を選んでいるわけではなく、そうした選択をした女性の少なくとも一部は、広範囲な男女間の不平等に立ち向かう戦略として、熟慮の末に選んだはずだと訴える。さらに、共産党政権の政策に沿って女性が子どもを産む役割を果たすことが義務と見なされるなか、「子どもを産まない」というそれぞれの女性による個人的な選択は、家父長制に対する「集団的な抗議活動」「非暴力の不服従」ともなると強調する。

呂氏も強調しているように、結婚や出産を巡る選択はあくまでも個人的なものだ。小紅書で「不婚不育」の生活スタイルを示すような女性たちも、意図的か否かを問わず政治的な色彩をできるだけ消そうと努めている。

しかし共産党政権がそうした個人的な選択の領域にまで踏み込み、出生の管理と国家の命運を強く結びつける以上、「産まない」という選択が政治的な色彩を帯びることは避けられない。「躺平」は消極的な反抗といえるが、「不育」はより積極的な反政府の行動となる。女権主義は、境外勢力とレッテルをはられて敵視され、当局の統制によってオンラインでもオフラインでも活動の場が失われた。呂氏によれば、行き場のない女性の怒りや失望を表出する数少ない経路が「不婚不育」という生き方となる。北京市の三〇代の会社員女性は「少子化は女権主義、つまり女性の思想的な進歩が一因だ。だから彼ら（政府など）はこうした声を弾圧しようとする」とまで言い切る。

宣伝工作や指導の強化といった習政権の対応からは、不平等や格差への怒りから「産まない」という選択をする女性たちへの理解の欠如がみてとれる。呂氏も指摘するように、集団的な不服従は鎮圧するのが難しい。呂氏は中国の出生率はさらに低下すると予想し、「今後、中国の未来にとって重大な挑戦となりうる」と結論づける。

3 分断——女と男、女と女

†「国男」と「女拳」

筆者は二〇一八年ごろに中国の女権運動に関心を持ち、関連する中国のSNSなどをのぞくようになったが、正直に言えば「荒れている」「内容が理解しにくい」という印象をもった。やがて、中国のネット上の女権主義者が、女権主義を敵視する主に男性から批判を受けているだけでなく、女権主義者の内部がさまざまな立場に分裂し、相互に批判していることがすこしずつわかるようになった。「理解しにくい」と感じたのは、そもそも私の中国語能力が足りないことに加えて、さまざまな造語や流行語が使われていることが一因とみられる。ここからは、そうした言葉を頼りに、ネット上での議論と女権主義の分裂についてみてみよう。

まず、中国人男性を示す言葉に「国男」「国蛹」がある。発音（グオナン）がほぼ同じであり、いずれも中国人男性をさげすんだり、小馬鹿にしたりするときに使われる。「蛹」は辞書によればイナゴの幼虫を指し、「国蛹」は馬鹿にする意味がより強まる。さらにさげすみの意味を重ねて「蝈蛹」とも書くこともある。辞書によれば「蝈」はキリギリスを指すが、虫へんを付けることによってけなす意味が強まるようだ。ほかにも中国人男性をけなす造語は少なくないが、かなり下品なものも含まれるので割愛する。

この言葉の背景には、家父長制的な考えにしがみつく中国の男性への失望と怒りがある。「無駄にプライドが高いのに何もできない、信頼できないという感覚がある」と北京に住む女性がこの言葉を解釈してくれた。この女性は春節のときの風景を例としてあげ、「男はソファに座って酒を飲みながら偉そうな話をしているか、スマホをいじってばかりいる。でも女はずっと台所に立って働いている」。このような男性とは結婚や恋愛も望まないというニュアンスも含まれる。

中国で家庭内暴力の問題に長年かかわってきた馮媛氏は、この数年で女性の意識が大きく変わった一方で、「男性の意識は目に見える変化はない。中国の教育では、女の子に「どのように自分を守るか」を教えるが、男の子には「どのように他人を尊重するか」を教えない。平等や尊重に関する教育が欠如している」と指摘した。

こうした男性への攻撃は当然、男性側からの反発も招く。そもそも中国の女権運動には、男女間の対立がつきまとう。北京で取材した複数の女性が異口同音に同じ例に言及した。「女性がミルクティーの画像をSNSに投稿すると、「女は三〇元（約六〇〇円）のミルクティーを飲んでいるが、男は一〇元の丼を食べて働いている」というような反応をよくみかける」。当時、中国では、日本でも流行ったタピオカ入りのミルクティーが爆発的な人気となっていた。写真映えするためSNSに載せる女性が非常に多かったため、嫌みを言いたかった男性側の気持ちもわからなくはない。

男性にとっても、中国社会で生き抜いていくことが容易ではないのは事実だろう。中国では、結婚の前提条件として男性側が新居と車を用意するのが通例だが、中国の不動産価格は高止まりしている。第一章で取り上げた彩礼（結納金）も高額化している。「996」（朝九時から夜九時まで週六日の勤務を指し、二〇一九年ごろから広まった言葉。「躺平」とは対極にある労働形態といえる）で働いても、仕事は安定しない。主に経済的な理由から恋愛や結婚はしたくてもできず、ネット上では「剝奪された感覚」（搾取による不遇感）に言及する男性の書き込みは少なくない。こうした男性たちにとっては、たとえば小紅書にあるようなキラキラとした生活（ミルクティーに代表される）をSNSで披露する勝ち組の女性たちが腹の立つ存在であることは理解できる。

†「女拳」に偏った規制

不満をためた男性たちが生み出した言葉の代表は「女拳」だろう。「権」と「拳」は同じ発音だ。特権を求めて「男女の対立」をあおる存在として女権主義を批判する意味がある。ほかに「極端女権」「激進女権（劇女）」という表現もある。「田園女権」という言葉もすこし流行ったようだ。「田園犬」は中国原産とされる柴犬のような見た目の犬を指し、やはり「犬」と「権」の発音が同じだ。「女拳」とおなじく嘲笑するときに使う。これらの表現からも、女権主義が「悪魔のような存在」（北京の女性）として批判を浴びていたことがうかがえる。「女拳」は権利ばかりを求め、男からは彩礼をむしり取り、結果として男の生活は悪くなる一方——。そんなニュアンスが含まれる。

ミソジニー（女嫌い）という言葉は、上野千鶴子氏の著書などを通じて中国でも広まったが、そうした男性は虎撲（Ｈｕｐｕ）というＳＮＳに目立つ。小紅書のユーザーが大都市の若い女性を中心とするのとは対照的に、虎撲のユーザーは九割が男性とされる。バスケットボールなどのスポーツ関連の話題が多いが、「女拳」への批判的な投稿も少なくない。中国人女性に「虎撲男」という言葉もあると教えてもらった。女権主義に批判的な女嫌いの男性を指す。

ＭｅＴｏｏ運動の当事者でもあった北京在住の女性は「男性は自らの置かれた苦境を女性や女権主義のせいにはできないはずだ。９９６で働くのを強いられる経済的な苦境は女性も同じだし、それに加えて女性は男女間の不平等という足かせもある。不平等な社会における女性の境遇を理解しようとしていない」と訴える。社会的経済的に不遇な状況に置かれた男性の批判の対象は本来なら、社会の構造的な不平等や政府の政策に向かうべきであり、女性に矛先を向けるのは間違えているという主張だ。

重要なのは、当局とその指導を受けるSNSが、男性側から女性に対する攻撃的な書き込みは放置している一方で、女性側の書き込みは規制の対象としていることだ。とくに「国蝻」などの表現を使って男性を攻撃する投稿やアカウントは規制の対象となってきた。たとえば、代表的なSNSである微博では「国蝻」「国男」などを検索してもでてこないが、「婊子」（ビャオズ、売女の意味）のような女性を罵る言葉はとくに規制されていない。先述のように、女権運動への支持を表明するアカウントへの規制もあり、消滅した女権関係のアカウントは数知れない。

†結婚する女性にも批判の矛先

「女拳」「劇女」の代表のひとつと見なされていたのは、現在はドイツ在住の林毛毛さんだ。とくに結婚を否定して「男は必要のないもの」と訴え、子どもがほしければ精子バンクを使うべきだと主張する。「対立を煽動した」として二〇二〇年末に微博のアカウントが一年間の停止となった。林さんのツイッターの自己紹介によると、ほかのSNSのアカウントもすべて停止されたという。

林さんのような「劇女」は「国男」に怒りつつ、返す刀で結婚する女性も激しく批判した。そこで使われた言葉の一つは「婚驢」（結婚ろば）だ。結婚と驢馬（ろば）を組み合わせた言葉であり、結婚した女性をののしるときに使う。「驢」という漢字によって、結婚に使役される女というニュアンスがにじみでる。「婚奴」（結婚と奴隷の組み合わせ）というほぼ同じ意味の言葉もあるが、婚驢ほど人口に膾炙しなかったようだ。先述のように「不婚不育」という生き方が一つの選択肢として注目される一方で、同時に「結婚して子どもを産む」という生き方を否定する考えも出てきたといえる。ただ、「婚驢」は結婚を全面的に否定し、かなり過激に感じられる表現だ。

結婚や出産を否定するニュアンスをもつ造語はほかにもたくさんある。たとえば、「大鼎」は結婚によって得する男性を指す。「扛」という動詞をつけると、そういう男にすべてを捧げて奉仕するというような意味になる。近い意味の言葉に「男宝媽」もある。男児を持つ母親を指し、そうした女性は女性の利益ではなく、男性の利益に立脚するようになるという非難を含む。婚驢も大鼎も遅くとも二一年ごろまでには、中国のネット上で検索しても「該当がない」などと表示されるようになった。「国蛹」などと同様に「対立をあおる」という理由とみられる。

†女権主義者内部の対立

「婚驢」は女性と女性との対立、女権主義内部での分裂を象徴する。メディア関係で働く北京の女性は「婚驢という言葉を初めて聴いたときは衝撃を受けた。すこし前に私自身が結婚したので、私も婚驢なのかと考えた」と話した。

学生のころから一貫して女権主義に関心を持つというこの女性は、女権主義者の内部で「非常に激しい衝突」があるとした上で、「たとえば嫁姑の対立と同じように、問題の原因は男性でありながら、男性は後ろに隠れていればいい。対立によって利益を得るのは男性といえる」と分析した。さらに「こうした言葉を使うのは私（当時二八歳）よりも若い人たちではないか。激しい感情を込めているのだろうが、自分たちが何に反対し、それがどんな効果をもたらすのか理解していない」と指摘する。実際、感情のままに過激な言葉を使う若いSNSユーザーが少なくないとみられる。

対立はさまざまな形をとって現れる。たとえば芸能人の代理出産を支持するかどうかという議論は中国のSNS上で果てしなく議論され、女権主義者が集まるネット上の空間では激しい批判と中傷が繰り広げられた。この北京の女性は「違う立場の女権主義者の考えを理解することに努めるべきだ」と訴える。彼女によると、女権主義を支持する人々が集まる豆瓣や微博のグループでは「誰もが「人肉捜索」（多数のユーザーによって個人情報などが調べられて暴かれること）を恐れて、個人の特定につながるような情報は書かないようにしている」と教えてくれた。

この女性のように「極端女権」から距離をとる人々は「温和派」「平権派」と呼ばれる。同じような意味の「学院派」は、現実を知らない理論派という意味だ。いずれも否定的な文脈で使われることが多い。

さらに第三章で取り上げた弦子さんを嘲笑する「平権仙子」という言葉もあった。「仙子」と「弦子」は発音が近い。弦子さんは「自分は女権主義者ではない」と表明したことがあり、その後も温和な立場をとってきたため、一部の「極端女権」から批判を浴びたことがある。二四年春の時点で弦子さんは自身を「女権主義者」と定義しつつ、ネット上で批判を浴びたときを振り返りつつこう答えた。「かつて、とても厳しい基準を満たさなければ女権主義者にはなれないものと考えていた。でも多くの人が「完全な女権主義者はいないし、女権主義は自身を制約するものではない」と教えてくれた。女権主義かどうかは自身の認識と実際の行動に関わるものだとわかったことが、自分が変わった主な原因だ」と話した。

†対立を煽る中国の特殊事情

女性活動家、馮媛さんはこうした対立について「多様な社会を反映してさまざまな意見があり、ときに対立が生まれるのは自然なことだ」と指摘する。欧米や日本でもフェミニズムの内部で意見の対立があるのは間違いないだろう。

しかし中国には、日本や欧米にはない事情もある。中国では当局の統制を避けるため、女権主義の議論は、政策のあり方や政府への批判には向かわない。男性に対する批判も「男女間の対立をあおる」として一部では制限される。議論が許される小さな空間は、女性同士が感情をぶつけ合う場となりがちだ。

ネット上では、政府の統制や批判を避けるため、「女権」という言葉を避けつつ、女性を巡る問題を巡って議論が展開することも多い。女性に関わる事柄は「流量密碼」（アクセス数を稼ぐ秘訣）ともいわれ、アクセス数を稼ぐため対立や感情が意図的にあおられているとも指摘される。女権主義の商業化ともいえる風潮は、小紅書における「不婚不育」が消費を促す方向に向かうのとも符合する。

また、女権主義が「境外勢力」という激しい批判にさらされるなかで、「粉紅女権」と呼ばれる人々が出てきたという事情もある。「粉紅」はピンク色を指し、愛国主義的な人々を意味する。能動的に政府に従う姿勢を示し、自身が愛国者であると強調しつつ、それが女権主義者であることと矛盾しないと訴える。

もっともこうした第三の道も険しい。「粉紅女権」を代表する人物とされた梁鈺さんは、新型コロナウイルス禍で防疫の最前線で働く女性に生理用品などを届ける活動が中国国内で評価されたが、やはり境外勢力と難癖を付けられた。ある女性活動家は「中国と米国の対立が強まり、いわゆる境外勢力への警戒が強まるなかで、政府に寄り添おうとする道は当然ありうる。しかしそうした道が、家父長制的な中国の構造を変えるという意味でどれだけのことができるのか疑問だ」と話した。

第五章

変革の新たな担い手

2022年11月27日深夜、北京市内で白い紙を持って抗議する人々。(関係者撮影)

1　女性たちの白紙運動

†「コロナへの勝利」

北京や上海などで二〇二二年一一月末、中国当局の言論弾圧に抗議する若者たちが白紙を掲げ、厳しい行動制限を伴う防疫対策「ゼロコロナ」政策からの転換につながった。この運動に至る経緯を簡単に振り返りたい。女権主義とは話がすこし離れる部分もあるが、新型コロナウイルス禍が中国にもたらした変化は大きく、女権主義にも影響があったからだ。

中国当局は、二〇年の年明けとともに湖北省武漢市から始まった新型コロナの流行の初期を都市封鎖（ロックダウン）という強権的な防疫対策で乗り切り、感染数を極めて少ない数字に抑えた。習近平国家主席は二〇年九月、「わが国の社会主義制度の優位性を示した」と勝利宣言し、「コロナ流行は各国の執政能力を試すテストだ」と胸を張った。トランプ米政権のもとで米中対立が激化した時期でもあり、多くの中国人は習氏の強い言葉に酔いしれ、愛国主義的なムードが高まった。

風向きが変わったのはデルタ株などの変異種が広まったころからだ。ウイルスの感染力が強まった一方で毒性が弱まったため、行動制限などの強硬措置は割に合わなくなった。たとえば二一年末から都市封鎖が始まった陝西省西安市では、過度に厳格な感染対策に市民の不満が鬱積した。都市封鎖によって市民が外出できなくなり、スーパーや市場などの流通がストップしたため、一時は食料などが市民に届かなかった。妊娠八カ月だった女性は腹痛を訴えて病院を訪れたが、PCR検査証明の期限が四時間切れているとして、厳寒の屋外で二時間待たされた末に出血して死産した。心臓病がある男性が病院に診察を拒まれ、死亡したケースもあった。

同市在住のフリー女性記者、江雪さんはネット上の文章で「本質的には人災だ」と訴えた。取材に応じた江さんの友人によると、江さんは「非合理的で官僚的な疫病対策」への怒りを口にし、「多くの庶民が内心では憤怒を抱え、責任を追及したいと考えているはずだ」と話していたという。

こうした不条理な封鎖に襲われる都市は徐々に増えていたが、決定的な転機は二二年三月末から始まった上海市の封鎖だ。ネット上ではマンションの窓から「飯を食わせろ」と叫ぶ市民らの映像も広がった。共産党政権への信頼は一転して不信感に変わった。「中国の一四億人のうちゼロコロナを支持しているのは一人だけ」というＳＮＳでの書き込みが瞬く間に削除された。「一人」が習氏を指すのは言うまでもない。習氏自身がゼロコロナを功績として誇っていただけに転換は難しいとみられていた。

†「封鎖はいらない自由がほしい」

上海が封鎖されていた二〇二二年五月、ある動画が微博などで広まった。防護服姿の当局者が、強制隔離を拒んだ若い男性に対し、「もし政府の命令に従わないなら罰する。処罰されたら、三世代に影響する」と脅した。これに男性は「私たちは最後の世代です。ありがとう」と返した。男性がどんな意味を込めて「最後の世代」と言ったのかはわからない。しかし、「不婚不育」（結婚せず子どもを産まない）という意味でも使われるようになり、ネット上で共感が広まった。日本で働く中国人女性は「こんな辛い世の中に、子どもを産んで苦しませるわけにはいかない。そんな覚悟を示す」と解説した。

二二年一〇月には中国共産党の最重要会議である党大会が開かれ、習近平氏は異例の三期目に突入した。中国社会は、閉塞した状況がいつまで続くのかという悲観と絶望に覆われた。党大会が間近に迫っていた二二年一〇月一三日の四通橋事件は、不満が噴き出す一つのきっかけとなった。北京市海淀区の陸橋「四通橋」に一人の男性が横断幕を掲げたのだ。「PCRはいらない飯を食いたい、封鎖はいらない自由がほしい、デマはいらない尊厳がほしい、文革はいらない改革がほしい、領袖（習近平氏のこと）はいらない投票をしたい、奴隷にはならない市民になる」と書かれていた。男性はその場で当局に拘束され、横断幕を写した画像などは中国国内のSNSなどから削除されたが、スローガンの言葉は海外のSNSなどを通じて多くの人々の共感を得た。

この小さな事件の影響はじわじわと広がった。この時に筆者はすでに中国を離れていたが、当時中国国内にいた知人の話や海外メディアの報道などをまとめると以下のような流れとなる。

四通橋事件に続いて「トイレ革命」があった。公衆トイレの壁などに、四通橋に掲げられたスローガンなどを落書きするのだ。このトイレ革命で当局に捕まった知人がいる。地下鉄駅の公衆トイレに四通橋のスローガンを落書きしたところ、数日後に警察に拘束された。警察は「落書きが見つかる直前の四八時間の監視カメラ映像をすべて調べ、トイレに入った人をすべて割り出した」と話したという。トイレの落書きの捜査になんとも膨大な労力と時間を費やしたことになる。この知人は「抗議の声をなんとしても抑え込むという当局の強い姿勢を感じた」と振り返る。

さらに「印刷革命」も行われた。四通橋のスローガンなどを印刷し、街角や大学構内に貼る。北京市内の各大学では、大学構内のコピー機の使用が制限されたり、使用前の実名登録が求められたりした。

†白紙に何も書かれてなくても

こうした局所的な抗議の動きは一一月末から一つの流れとなった。なにも書かれていない白い紙を掲げて抗議の意志を示す「白紙運動」だ。白い紙は、ネット上でもトイレの壁でも、ささやかな不満すら瞬く間に消されてしまう情報統制への抗議を意味する。香港メディアによると、二〇二〇年六月に香港国家安全維持法が施行された香港でも、一部で白紙を掲げた抗議が行われた。

後に海外に移住した中国人男性が、旧ソ連のこんなジョークを教えてくれた。警察がモスクワの赤の広場でビラをまこうとした反体制派を捕まえたところ、ビラはただの白紙だった。反体制派が抗議すると警察は「おまえがなにを考えているか、書かれてなくてもわかっている」

抗議の直接のきっかけとなったのは一一月二四日夜に新疆ウイグル自治区で起きたマンション火災だった。少数民族ウイグル族への弾圧が続く同自治区の様子はなかなか外部に漏れてこないが、多くの在日ウイグル人は早い段階から自治区内で感染爆発が起きていると疑っていた。亡くなる親族が絶えず、多数の在日ウイグル人が日本で「ジェナーザ」という葬儀を行っていたためだ。同自治区は二二年八月からほぼ全域が都市封鎖され、葬儀も禁じられていた。火災が起きたマンションは封鎖措置のために通路がふさがれて住民が避難できず、消防車の到着も遅れたと指摘され、一〇人が犠牲となった。SNSで伝えられた現場とされる動画では「ドアを開けて」と叫ぶ女性の声が聞こえる。

この火災を受け、江蘇省南京市の大学「南京伝媒学院」で一一月二六日午後、キャンパス内の時計塔の前で一人の女子学生が白い紙を胸の前に掲げて立ちはじめた。その後、数十人の学生が白紙を手に階段に並び、「亡くなった人々のために」と声を上げた。SNSで拡散した映像ではその周辺で数百人が声援を送っている。

翌二七日以降、北京大や清華大などでも抗議が行われた。学生たちはやはり白紙を掲げ、四通橋のスローガンなどを叫び、革命歌「インターナショナル」や国歌「義勇軍行進曲」を歌ったりした。インターナショナルの中国語版は「立ち上がれ、飢えと寒さに苦しむ奴隷！　立ち上がれ、全世界で苦しむ人！」と始まり、義勇軍行進曲も「立ち上がれ！　奴隷となることを望まぬ人びとよ！」と呼びかける。いずれも共産党が率いる中国のアイデンティティに沿った歌詞だが、もともとは人々に蜂起を促す内容でもある。上海が封鎖されていたころから、ネット上でインターナショナルを歌う動画などを転載して抗議の意志を示す人も目立った。

中国の学生は大部分がキャンパス内の寮で暮らす。当時、中国のほとんどの大学では防疫措置のために封鎖され、学生らはキャンパス内に閉じ込められていた。多くの若者を長く監禁状態におけば、不満が爆発するのは自然な成り行きともいえる。シンガポールに拠点を置くネットメディア、「端伝媒（イニシウム・メディア）」によると、一二月二日までに全国一六二の大学で抗議運動があった。大学当局はこのころから学生らをバスに乗せて故郷に帰す対策をとった。

†十数都市に広がった抗議行動

抗議は街中にも広がった。一一月二六日夜から上海、四川省成都市、湖北省武漢市などにも広がった。上海市中心部の通り「ウルムチ中路」には数百人も集まった。

北京では二七日夜から二八日未明にかけ、大使館などが集まる朝陽区亮馬橋付近で大勢の市民が白紙を掲げ、ウルムチのマンション火災やコロナ禍で亡くなった被害者を悼んだ。抗議活動はおおむね平和的に行われ、「PCRはいらない飯が食べたい」「私たちが最後の世代」など、これまでコロナ禍で使われてきたスローガンで「ゼロコロナ」政策の転換や表現の自由などを求めた。習近平氏の退任や共産党の下野を直接求める声もあったと伝えられるが、一部に限られていたとみられる。

上海では外国人記者が一時拘束されたが、海外メディアや各国外交官の目が多い北京の警察官は表向きには友好的だったという。しかし中国の警察は、街頭で抗議の声を挙げた人々を野放しにしておくほど甘くはない。当局の締め付けは直後から始まった。その全体像は見えないが、中国の人権活動を支援する海外サイト「維権網」や中国の自媒体（小規模ネットメディア）などが断片的に情報を伝えた。

主に北京の状況について情報をまとめると、多数の白紙運動参加者が、抗議があった翌日の一一月二九日から警察に事情を聴かれた。このときはおおむね二四時間以内に帰されたようだが、一二月中旬から再び拘束が始まり、北京については二〇人以上が公共秩序騒乱容疑で逮捕された。他の都市での参加者も含めると、逮捕者は計三〇人を超えた。多くが数日程度の短期間で保釈されたものの、北京での逮捕者のうち少なくとも七人が二三年二月中旬時点でなおも拘束されていた。

†長期拘束七人のうち六人が女性

拘束が長引いた七人には特徴がある。いずれも二〇代後半から三〇代前半で、大半が海外留学の経験を持つ。七人のうち六人が女性だ。

この中には、二七歳前後で友人同士の女性四人も含まれた。出版社の編集者、曹芷馨さんは友人四人の拘束を知り（曹さんの知人は短期間での釈放も含めて計七人が拘束されたようだ）、自身も拘束されることを予期して「音信不通になったら公開してほしい」という動画を友人に託した。動画ではウルムチの火災で死亡した人々の追悼活動があると知って友人と参加した経緯を語り、友人らが罪名も告げられずに逮捕されたことに憤る。

「現場では秩序を守り、警察との衝突もなかった。なぜ音もなくひそかに連れて行かれなければならないのか。この仕打ちはなんのためなのか。私たちは何の根拠もなく消し去られたくない。私たちはなぜこんなに易々と連れ去られるのか。もし単に同情の念から追悼現場に訪れたのが（拘束の）理由なら、この社会は私たちの感情を受け入れる空間がどれだけあるのか」

曹さんはこの動画を録画した翌日の一二月二三日に逮捕された。米紙「ウォール・ストリート・ジャーナル」は「中国で、若い女性が意外にも反抗の新しい世代のシンボルになった」と題した記事で、曹さんがこの動画によって白紙運動を「代表する人物になった」と伝えた。

曹さんが動画で話したように追悼しただけなら、なぜ逮捕され、しかも拘束が長引いたのか。海外のSNSテレグラムを使っていたために、当局に目を付けられた可能性が指摘されている。曹さんとともに逮捕された友人のうち、会計士の李元婧さんは、テレグラムのグループを設立し、海外の報道などを転載したり、さまざまな話題について活発に議論したりしていた。フリーの記者、李思琪さんはこのグループに外国メディアの記者を含む多数の知人を引き入れたとされる。

テレグラムは通信の秘匿性が高いとされ、中国では基本的に使えない。しかしVPN（仮想プライベートネットワーク）を使って中国のネット規制「グレートファイアーウォール」を乗り越えれば使用することが可能となる（中国では「壁越え」と表現する）。テレグラムは日本では指示役が「ルフィ」と名乗る強盗犯人グループが使っていたことで有名になった。二〇一九年の香港での民主化運動でも活用された。

通信の秘匿性が高いとされるが、使い方によっては当局が通信内容を把握できるという。そもそもグループ内に当局のスパイがまぎれこんでしまえば意味がない。あるいは当局は白紙運動の発生直後に多数を拘束した際に、パソコンやスマートフォンを調べてテレグラムでのやりとりを把握した可能性もある。中国を含む各国政府が、犯罪グループや反体制派が好んで使うテレグラムへの警戒を強めていたとの指摘もある。

先述のように、中国当局が恐れているのは人々が横に結びつき、組織として影響力を持つことだ。SNSのグループに知人を引き入れるという行為は、日本などからみれば何の問題もないが、中国当局にとってはそうではない。しかも使ったSNSは中国では禁じられているものだ。曹さんらは中国当局がもっとも恐れることを行ったことになる。

†女権主義の影響

しかし、四人が参加していたテレグラムのグループは数十人程度だったとされ、白紙運動の規模から考えても、四人を黒幕と考えるのは無理がある。罪名の公共秩序騒乱罪は最長で懲役五年となるが、四人はいずれも二〇二三年四月下旬までに釈放された。

端伝媒の取材に応じた曹さんの友人らによると、曹さんは政治的に活発な人物ではなく、いかなる政治的な活動にも参加したことがなかったという。交際相手の男性は、曹さんらを「半積極分子」と評した。四人は北京市中心部の伝統家屋「胡同（フートン）」に住み、一緒に映画を見たり、読書会を開いたりしていた。読書会では上野千鶴子氏の著作を含む女権関連の本も取り上げたという。そしてテレグラムや中国のＳＮＳ微信などで活発に発言していた。

逮捕者に限らず、北京での白紙運動の参加者は女性が多かった。ＳＮＳで広まった動画などをみると明らかに女性の姿が目立つ。性的少数者（ＬＧＢＴＱ）のほか、メディアや芸術などの関係者が多かったと指摘される。こうした表現の自由や女権活動に関心を持つ人々が、テレグラムなどのグループを通じて参加したようだ。曹さんら四人が入っていたテレグラムグループには、第三章で取り上げた弦子さんを支持し、開廷に合わせて裁判所の前に集まった人もいたという。北京の中国メディアの記者は「白紙運動はあきらかに女権主義の影響があった」と指摘する。

こうした背景もあり、中国当局は女権運動を白紙運動の黒幕的な存在とみなしたフシがある。拘束した人々に「女権主義者かどうか」と尋問していたとの情報もある。

MeToo運動や女権運動は政府の弾圧を受けて失速したが、社会の不正義や不平等に関心を持つ人々を触発し、とくに若い女性の「不正に黙っていない」という意識を高めた。白紙運動の参加者に若い女性が多かったのは偶然ではないだろう。中国当局はこうした社会的な意識の高い女性がつながり、影響力を持つことを恐れたとみられる。

†脱中心化する運動

中国当局は、女権主義と同じように白紙運動にも「境外勢力」というレッテルを貼って批判した。たとえば共産党機関紙「人民日報」系の中国紙「環球時報」の英語版は「境外勢力が中国で対立を起こそうとしている」と主張した。また、ネット上で一部拡散した資料によると、中国国家インターネット情報弁公室は白紙運動直後の一一月二九日に会議を開き、「(ウルムチの火災は)各種の不満を引き起こし、上海では悪性の政治的スローガンが出現した。大学生の集会の政治性は明らかであり、境外メディアの中傷が増加している」などと分析した。

一方、白紙運動の参加者は当初から「境外勢力」とみられることを警戒しており、海外メディアの取材を意図的に避ける人々も多かったと伝えられる。白紙運動はそもそも理不尽な「ゼロコロナ」政策への不満が各地で爆発したものであり、黒幕がいたとは思えない。それでも治安当局は黒幕探しに躍起となった。たどりついた一部が、曹さん ら四人だったようだ。

中国国内にとどまる女性活動家は「白紙運動や女権運動の特徴は、特定の指導者がいない脱中心化だ」と語る。「脱中心化」は二〇一九年の香港の抗議デモでもキーワードとなった。組織を作ってそれを特定のリーダーが率いるという形ではなく、参加者がフラットに結びつき、それぞれが自分の判断で行動する。セクハラや防疫対策などの身近な不条理に対し、SNSなどで自然発生的に始まる運動形態だ。

当局側にとっては、特定のリーダーが率いる運動はそのリーダーを弾圧してしまえば抑え込むのはたやすい。伝統的な民主化運動や新公民運動のように明確なリーダーがいる場合、そうしたリーダーが拘束されてしまえば運動の失速はまぬがれない。

逆にいえば現在の中国で、社会運動のスタイルとしては「脱中心化」された自発的なもの以外はすでに存在すら難しい。当局にとってもリーダーがいない自発的な運動は完全に抑えこむことは容易ではない。コロナ禍では「ゼロコロナ」政策への不満が社会に充溢していた。女性差別に対する不満は日常生活に根ざしており、残念なことに社会のどこにでもある。抗議運動の火種になりうるそうした不満は尽きることがない。

一方で抗議活動を抑え込むことに関して中国政府には強い意志があり、なおかつ抑え込む技術、テクノロジー、人員もすべて潤沢だ。白紙運動の参加者はその後、言論を統制することに対する当局の強い姿勢と意志に、恐怖をいだいている。抑え込まれた不満や怒りをどこにも表出できないことから、「政治的抑鬱」という言葉も広まった。

†海外との相互作用

微博や微信のような中国のSNSに抗議運動に関することを書き込んでも、すぐに当局によって削除されてしまう。しかしとくに大量に投稿があった場合は、削除などの当局の対応にも一定のタイムラグがある。白紙運動ではまさにそのような事態が生じた。それでもある程度時間がたつと消えてしまうし、投稿の何が真実であるかを判断するのは容易ではない。広い中国でなにが起きているのか把握するのはかなり難しい。

白紙運動でそうした役割を果たしたのが「李老師不是你老師」というツイッター（当時、

現在のX）のアカウントだ。中国のどこかで起きている抗議運動をいち早く把握して真偽を判断し、動画や画像をツイートする。これをみた国内の人々がさらに行動を起こすという相互作用が続いた。こうした相互作用がなければ、白紙運動は大きくならなかった可能性もある。白紙運動が始まった時点で七〇万程度だったフォロワーは、わずか数日で一五〇万まで増えた。私を含めて海外メディアの記者も、信頼性の高い情報源として活用した。

アカウントを運営しているのはイタリア在住の中国人だ。後にポッドキャストで自身が明かしたところによれば、白紙運動の直後から中国当局者の嫌がらせが始まり、語学学校の講師の職を失ったほか、四回もの引っ越しを余儀なくされた。中国当局が国内からこのアカウントをフォローしている人をリスト化し、片っ端から圧力をかけているという情報もある。

もうひとつは「公民日報」というインスタグラムのアカウントだ。テレグラムでは「文宣中国」という名前だ。このアカウントに背中を押される形で、日本や欧米など中国国外から、国内の白紙運動に声援を送る動きが広がった。民主的な活動を行うためのマニュアルを作成したり、中国当局の監視から身を守る方法を伝えたり、目配りが行き届く。女権主義についても積極的に発言しており、白紙運動と女権主義との近さがうかがえる。関係者によると、主に国外にいる複数の中国人が運営している。皮肉が効いた投稿や「脱中心化」されたスタイル、「文宣中国」という名前にも、二〇一九年に香港で行われた抗議運動の影響が色濃い。

ほかにもさまざまなアカウントが白紙運動を支援した。中国当局は早い段階からこうした実態を把握していたのは間違いない。北京の亮馬橋で白紙運動があった直後の一一月二八日から、北京や上海などの街中や地下鉄車内で警察官が市民のスマートフォンを半ば強制的にチェックし、壁超えをするVPNやテレグラムなどが入っていないかを調べはじめたという。

†変革の担い手

白紙運動は米国の各都市や欧州各国、台湾、香港などでも行われた。日本でも白紙運動が展開されたことを記しておきたい。北京と同じく一一月二七日に、新宿駅西口で中国人留学生らが集会を行った。当日昼ごろから、とにかく中国国内の運動を支援しようという動きがあり、テレグラムで参加が呼びかけられたという。さらに三〇日には新宿駅南口に数百人が集まった。「急進派」ゾーンと「穏健派」ゾーンを分けるという工夫をし、前者には演台も設けた。習近平氏への直接的な批判やウイグル独立などの呼びかけには、抵抗がある在日中国人も多いためだ。

参加した複数の中国人に聴くと、ほとんどの参加者にとってこうした抗議活動は初めての経験だったほか、やはり明確なリーダーのいない「脱中心化」したスタイルだったこともあり、意見の相違や対立は少なくなかった。また、大きな達成感があった一方で、その後の活動の継続は難しく、逆に喪失感のようなものが残ったという声もあった。ある女性は「中国当局の目は海外にいても恐ろしく、粉紅（共産党を支持する人）も多い。自由の国にきても私たちは自由になれるわけではない」と語った。

第一章でも述べたように二二年は、中国の歴史、とりわけ女権の歴史に残る異様な一年だったと記憶されるはずだ。一月は西安のロックダウンから幕を開け、同月末からは「首に鎖をつながれた母」が話題となった。北京冬季五輪とパラリンピックが終わるとまもなく上海の都市封鎖が始まり、河北省唐山市で女性らが殴打された。夏以降は各都市に封鎖が広がるなか、北京では第二〇回共産党大会が開かれ、習近平総書記の三期目突入が決まった。そして一二月には習近平政権が防疫措置をすべて放棄した結果、年末には爆発的な感染拡大が起き、多数が死亡した。中国では新型コロナでどれほどの人が死んだのか。中国当局はまともな数字を公表していない。中国社会での女性をめぐるあつれきが随所で目立った末に、最後は女性が主役となった白紙運動が中国社会を大きく動かした。

2 「民運」とMeToo運動

†天安門の英雄への告発

中国の壮絶な感染爆発がようやく一段落した二〇二三年春、女権運動は新たな展開をみせた。六月、一九八九年の天安門事件で学生リーダーだった王丹氏（五四）が、男性への性的暴行で告発された。台湾で二三年五月、米国や中国大陸からもかなり遅れて、突如盛り上がったMeToo運動の一環だ。王氏を支持する立場からは「告発は中国共産党による政治的陰謀だ」という反論もあったが、一連の議論からはむしろ、中国の民主化運動を率いてきた王氏らの世代と、白紙運動に参加したような若い世代との隔たりを浮き彫りにした。

王氏は日本でも有名な存在だろう。一九八九年六月四日に民主化などを求めた学生らを人民解放軍が武力弾圧した天安門事件で、当時北京大の学生だった王氏は、当局による指名手配リスト二一人の筆頭にあげられた。事件後、二度にわたる投獄を経て、一九九八年に米国に亡命した。その後は米国を拠点とし、後に記すように台湾の大学でも教鞭をとっ

天安門事件30年のシンポジウムで発言する王丹氏（2019年５月19日、台北市、写真提供：共同通信社）

ていた。中国の民主化運動に人生を捧げてきた歴史的な人物といえる。主に国外から中国の民主化を目指す「民運圏」を代表する人物でもある。

私が初めて王氏を目にしたのは、天安門事件から三〇年を控えて台湾で開かれた討論会だった。穏やかで理知的な王氏の一言一句に、聴衆が吸い込まれるように耳を傾けていたのが印象に残る。先の指名手配リストで二番目のウアルカイシ氏が迫力のある声で聴衆に訴えかけていたのとは対照的だ。この討論会にも参加した元学生リーダーによると、二人の対照的な雰囲気は天安門事件当時から変わらない。ウアルカイシ氏はアジテーターとして目立つ存在であり、広場に集まった学生たちはやはり王氏の言葉に引きつけられていたという。

一九八九年当時私はまだ小学生だったが、テレビや新聞が伝えた天安門広場の学生たちの様子は記憶に残っている。当時の写真と比べると明らかに肉付きがよくなった二人がなおも中国の民主化について熱く語る姿に、三〇年の歳月を感じるとともに、深い敬意を抱かずにはいられなかった。ミーハーともいえるが、歴史的人物を目にして胸が躍った。

その王氏からの性暴力を訴えたのは、台湾の台北市で無所属の議会議員の秘書だった男性李元鈞氏だ。天安門事件から三四年の節目を控えた二〇二三年六月二日、王氏による九年前の性的暴行をSNSで告発した。さらに同四日には記者会見も開いて詳細を語った。

SNSへの投稿や記者会見によると、当時一九歳だった李氏は、王氏から「見聞を広める」ため、一四年六月四日前後の約一週間の予定で一緒に米国に行かないかと誘われた。社会運動に身を投じて日が浅かった李氏は同年に王氏の知己を得たばかりで、「あこがれの有名人による招きに惹かれた」という。米国には李氏と王氏のほか、王氏の秘書が同行した。六月六日の夜、李氏はニューヨークのホテルの部屋で二人きりになった際に窓際に来るように誘われ、後ろから無理やり抱きつかれてキスをされた。さらにベッドに押し倒されたが、李氏は「肛門の手術をしたばかりだ」などといってその場を逃れたという。異国の地で知り合いもなく、警察に届けることもできず、その一週間は「もっとも恐ろしかった時間」と振り返った。

王氏は、李氏が投稿した二三年六月二日、すぐさまSNSで「セクハラの事実はない」「私の政治活動はいかなる影響も受けない」などと反論した。同日には、ニューヨークで

王丹氏のセクハラを告発する、李元鈞氏の記者会見（2023年６月４日、写真提供：中央社／共同通信イメージズ）

天安門事件記念館の開館式に出席した。この開館式は日本でも報道されたが、同じタイミングでのセクハラの告発はほとんど報じられなかった。

李氏は王氏に求めていた謝罪が得られなかったとして、刑事事件として司法手続きを始めた。王氏も「法律的な方法で真相を求めることを支持する」と応じた。一方、台湾の清華大は告発直後の六月四日、九月から再開が予定されていた王氏の授業を取り消すと発表した。王氏は同大の客員教員として通算一〇年近く教壇に立ってきた。王氏側からも辞退の申し入れがあったという。

†台湾でのＭｅＴｏｏ運動

ＭｅＴｏｏ運動の波は本家米国より数年遅

れで台湾まで到達した。政治分野から始まったのが特徴といえる。台湾メディアによると、台湾政界を舞台にしたネットフリックスのドラマ「WAVE　MAKERS――選挙の人々」（二〇二三年四月配信開始）でセクハラが描かれたのがきっかけだ。「我們不要就這様算了、好不好？（こんなふうに済ませるなんて無理だよ、でしょ？）」。台湾総統選と立法委員（国会議員）選を翌年一月に控えていた二三年五月末、与党民進党の元職員がドラマのセリフを引用して、SNS上でセクハラ被害を告発した。車内で党と取引のある企業関係者に身体を触られるなどの被害を受け、党内の婦女部（後に性別平等部に改名）に訴えたが、責任者は「なぜ車から飛び降りなかったのか」などと言って適切な対応をとらなかったという。ドラマのセリフは、主人公の女性がセクハラを受けた部下を電話で励まし、一緒に党内で被害を訴えようと促すものだ。現実はドラマと正反対だったことになり、被害を受けた元職員はドラマを見て再び被害を訴えることを決意したという。「我們不要就這様算了」は台湾のMeToo運動を象徴するフレーズとなった。

さらに民進党の元職員らが次々とセクハラなどの被害を訴え、蔡英文総統（当時。前年の統一地方選敗北の責任をとって党主席からは辞任していた）らは、セクハラの訴えに適切な対応をとらなかったとして「過ちを反省する」などと謝罪に追い込まれた。被害申請窓口の設置など党内改革案を示したほか、党幹部の辞職や立法委員選の候補予定者の出馬辞退に至った。台湾は同性婚を認めるなどジェンダー問題への取り組みが進み、民進党はそうしたリベラルな政策を推進してきた存在だ。総統選を控えて党のイメージに傷がつきかねない事態に、対応は迅速だったといえる。

当初は民進党の問題とみられてきたが、告発は野党の国民党や台湾民衆党にも広がり、さらには外交官やメディア関係者など政界以外にも飛び火していった。

王丹氏を告発した李氏も、この流れに背中を押されたという。さらに王氏への告発は李氏一人で終わらなかった。ドイツの国際公共放送ドイチェ・ヴェレの台北電は、李氏のほか、匿名での告発を含めて六人が王氏によるセクハラなどを訴えていると報じた。この報道によれば、王氏はSNSなどを通じて若い男性と知り合い、自宅などで無理やり関係を迫るという行為を繰り返していた。なお王氏が同性愛者であることは、民運圏を貶める際の宣伝材料として親中勢力などによって利用されてきた経緯がある。

一連のMeToo運動で、民運圏では王氏一人にとどまらず、米国に滞在している人権派弁護士滕彪氏（四九）や、作家の貝嶺氏（六三）も、それぞれ台湾人女性への性的暴力やセクハラなどで告発された。民運圏でいえば、王丹よりさらに上の世代の著名民主活動家、魏京生氏（七三）も以前に性暴力を訴えられたことがある（年齢はいずれも二〇二三年六月当時）。

†民運の「おっさん臭さ」

告発を受けた王氏を擁護する声は少なくなかった。たとえば米国在住の活動家胡平氏（七五）は「王氏も李氏も相手が同性愛者と認識しており、米国に行くことを誘われた時点で李氏は王氏の意図を理解していたはずだ」などとして、「セクハラという指摘は成立しない」と主張した。こうした事実関係の解釈に関する反論だけでなく、「背景に政治的意図がある」「（中国共産党あるいは親中勢力の）陰謀」などとする擁護も多かったが、こうした陰謀論を裏づける根拠はとくに見当たらない。一部の日本メディアもこうした考えを示唆した。

王氏自身も二日の反論で「「六四」（天安門事件）のタイミングを意図的に選んだことなどが、すでに問題（の所在）を説明している」と言及し、背後に政治的陰謀があることをにおわせた。中国の民主化や対中関係こそが大事であり、セクハラなどは取るに足らない事案だという意識も透ける。

こうした反論は、議論の焦点をずらす効果がある。王氏自身が意図しているかどうかは不明だが、自身の政治的な立ち位置を利用して、被害者への攻撃に転じるとともに、複雑な政治問題に議論をすりかえているようにうつる。少なくともそのようにとらえた台湾や在米華人の若者は少なくない。

中国で女性の権利を巡る問題に取り組み、当局に拘束された経験もある三〇代の中国人女性は民運圏の人々に対する相次ぐ性暴力の告発は「まったく驚かない」と話す。この女性が指摘するのは民運の人々にもみられるジェンダーや女権主義への理解や意識の低さだ。「中国共産党も、それを批判する民運も、家父長制的な古い女性観を共有している点では同じだ」と切り捨てる。仮に王氏ら民運が指導する国が成立したとしても「共産党が指導する現在の中国と、女性が置かれた状況はなにも変わらないだろう」と語った。

この女性は二〇二三年に国外に拠点を移したが、民運圏には「できるだけ近づかない」と話す。中国が自由で民主的な国になってほしいという思いは民運圏と共通しているが、「民運との付き合いは百害あって一利なし」と厳しい。国外にあっても民運圏に近づけば中国当局に目をつけられ、中国国内に残る家族が嫌がらせを受けたり、帰国の際に拘束されたりする恐れがあるためだ。一方で「一利なし」とする理由は「残念ながら民運がすでに時代遅れになってしまった」ことだという。民運圏の持つ家父長制的な匂いを「爹味（おっさん臭さ）」とも表現した。

ジェンダーや女権主義への理解の欠如に加えて、中国共産党政権という巨大な権力と対峙してきた民運は、そもそも批判されたり、下から突き上げられたりすることに慣れていないようにもみえる。王丹氏は、権力的な上下関係を利用して性的な関係を強要しようとしたとの指摘に対し、二三年六月八日のツイッターで「私が「権力者」であるという指摘には苦笑するしかない。逮捕され、亡命し、何十年も家に帰れず、母の死に目にも会えず、（略）、三十数年苦労してなんとかやってきて、米国においても中共の脅迫を受けている」と書き込んだ。

翌九日の投稿では、友人からの電話で権力関係は「受け止め方の問題」と諭されたと明かし、「私たちの世代は若いときから巨大な政権と対抗し、心の中である種の自然発生的な道徳的優越感があった。そのため、ときに批判の声を聞き入れるのが容易ではなかった」と反省も記した。本心も含まれているとみられる。ただ、王氏が記す「道徳的優越感」は家父長制的な態度や意識とほとんど見分けにくい。

†民運への信頼と支持の喪失

前述のように「白紙運動」で大きな役割を果たしたSNSアカウント「公民日報」は公開質問状で王氏を厳しく指弾した。少し長いが一部を引用する。

「あなた（王氏）とあなたの支持者は、軽蔑した態度と陰謀論によって、ＭｅＴｏｏ運動や、女権主義の活動家とそのスローガン、あなたの回答の妥当でない部分への指摘に対応してきた。これに対し、怒りと悲しみを覚える。すでに民運団体は一部の人の態度や発言によって、若者の間の印象では当時の（天安門）広場で民主や自由を追求した進歩思想ではなくなっている。私たちは、当時の全国から参加した学生、労働者、市民にとって不公平であると心から感じる。なぜならあなたの言動、あなたの現在の価値観、あなたの傲慢は、すでに若者が理想や希望、表現する空間を求めたあの時代と、全国の人々が参加した社会運動を代表していないからだ。（略）陰謀論は真相を隠すことはできず、私たちの正義の追求を妨げることもできない」

まるで王氏とその世代への引退勧告のようにも響く。上の世代に対する若者の強い忌避感や敬意の欠如などを指摘することもできるだろうが、それ以上に王丹氏が代表する民運圏が若者の信頼や支持を完全に失っていることが伝わる。

民運圏に対する若い世代の拒絶には伏線もある。米国における保守派への接近だ。その代表はやはり王丹氏といえる。二〇二〇年の米大統領選を前に王氏は大統領再選を目指していたドナルド・トランプ氏への支持を表明していた。ツイッターなどで「（対立候補だった）バイデンがトランプより中国に強硬だなんてでたらめだ。三歳の子どもをだますようなものだ」などと訴えた。中国共産党政権に対してはトランプ氏のような強硬策が必要だとして、米国の対中政策がバイデン氏のもとで軟化することを恐れたためだ。共産党政権の弾圧によって影響力を失った民運圏にとって、共産党政権をいじめるトランプ氏の姿が痛快にみえたのは想像に難くない。トランプ氏にすがらなければならないほど、絶望的な状況にあったとも考えられる。

中国共産党政権に批判的な中国人の一部が、中国への強硬姿勢を主張する保守派と結びつくという構図は日本でもみられる。もちろん民運の世代にもリベラルな価値観を重視する人々は少なくないし、若い世代がすべてリベラルというわけでもない。しかし中国国内のある知識人は当時、「レイプ疑惑にまみれたトランプが主導する民主主義とはなんなのか。独裁から逃れて、別の独裁者を支持するのか」と憤りを隠さなかった。

†身近な正義

二〇二二年の「白紙運動」について、王氏は参加した若者たちの勇気をたたえ、「天安門事件以来だ。若者が中心であることが共通する」などと評価した。その通りなのだろうが、白紙運動の参加者と、かつて天安門事件を率いた民運圏との意識の差は小さくない。

白紙運動に参加した若者やそれを台湾や米国、日本で支持した中国人の若者は、日常生活における実践的な正義を重視する。そうした立場からは、セクハラや性暴力が取るに足らないと考える世代との隔たりは大きい。日常生活における正義と相容れない民主主義とは何なのか。中国の民主化こそ大事だという民運の人々がこうした問いに十分に答えているとは言いがたい。前述のように、一握りの指導者が民主や自由について理想を語り、それに大勢がついて行くというスタイルも、中国の現状にそぐわなくなった。

民運圏におけるＭｅＴｏｏ運動と白紙運動は、中国の変革を促す主役の世代交代を印象づけた。男性指導者を中心とする運動から、女性が多数を占める「脱中心化」した運動への転換も明確になったといえる。

しかし今後、白紙運動のような大きな動きが再び起きるとは考えにくい。白紙運動は、「ゼロコロナ」政策の転換という成果を上げたものの、その後は前向きな方向への社会変革は見えにくくなった。むしろ習政権は、以前にもまして統制を強め、批判の封じ込めに血道を上げる。

それでも本書でみたように、女権運動の盛り上がりは、不条理で不遇な状況を目の前にした際、ときに沈黙を選ばない女性たちが多数存在することを見せつけた。そしてそうした女性たちが大きな役割を担った白紙運動は、「身近な不正に黙っていない」という個人の行動が、大きな流れとなって巨大な中国共産党政権も動かすことを証明した。

将来的に中国社会に民衆の側から変化がもたらされるとすれば、それは白紙運動に参加したような女性を中心とした若い世代によるものではないだろうか。前述の「李老師」がポッドキャストの番組で言ったように、天安門事件は一九八九年六月四日が「終わり」だったが、白紙運動は人々が自分たちの力に覚醒したという意味において「始まり」となったともいえる。

あとがき

エコーチェンバーという言葉がある。とくにSNSを利用した際に、意見や思想、ものの見方が近い人々が集まる空間が形成され、閉じた空間で音が反響するように、同じような意見や考え方が増幅されていくことを指す。

大規模な情報検閲システム「グレートファイアーウォール」によって海外のSNSを遮断した中国は、ひとつの巨大なエコーチェンバーになりつつある。その中で展開する議論や意見はときに、日本の一般的な感覚からは驚くほどかけ離れている。たとえば少なからぬ中国人が今も、新型コロナウイルスは二〇一九年一〇月に湖北省武漢市で軍人オリンピックが開かれた際、米兵が意図的に持ち込んだという陰謀論を信じている。中国はまるでパラレルワールドのような別世界を形成しつつあり、コロナ禍での渡航制限も加わってますます日本から遠い存在になっている。

しかし、エコーチェンバーは中国だけに限った話ではないだろう。日本においても、特定の型にはまった中国観が幅をきかせていないだろうか。強権的で威圧的という中国のイメージが増幅し、日本人の対中感情は極めて悪い。共産党政権と市井の中国人が同一視され、中国で生きる人々の顔は像を結ばない。中国が日本から遠ざかる一方、日本も中国の現実から遠ざかろうとしている。

本書は、エコーチェンバーから抜け出て、中国の新たな一側面を示すことができただろうか。少子化や婚姻数の減少は日本とも共通する現象であり、権力関係を利用した職場でのセクハラなども日本とかなり似ている。経済成長を遂げた中国で生きる人々が、文化的な背景が近い日本と同じ課題に直面しているということは意外ではない。本書を通じて、日本と同じ課題に悩む中国の人々の姿が浮かび上がれば幸いである。

一方で当然ながら、中国には中国の事情がある。その多くは、共産党が一元的な権力を握っていることに起源がある。そして盤石にみえるその権力は女権主義から挑戦を受けているのではないか。それが筆者が中国の女権主義に関心をもった出発点だ。

しかし専門家ならいざ知らず、中国の女権主義というテーマは日本ではあまりなじみがないだろう。中国の社会問題としては、貧富の格差や都市と農村の差別、少数民族への弾圧、言論の自由の制限などが日本でも関心を集めてきた一方、男女間の格差に起因する問題はあまり注目されてこなかった。そうした問題が中国の社会や政治に及ぼしている影響も、過小に評価されてきたといえる。

日本に帰国後、同じようなパターンの会話を何回か経験した。女権主義が話題になった文脈で、「そうは言っても中国の女は強いんですよ。家庭の中では母（妻）の発言力が一番強いし……」などと男性が発言し、「いや、そういう問題ではなくて……」と反論するというパターンだ。前者の男性は中国人のほか、中国に詳しい日本人も含まれる。後者の反論は高名な中国研究者や若い世代の中国人女性のほか、私自身だったこともある。家庭の中での声の大きさと、社会的な立場は別の次元の話であり、本書で触れたように中国でもやはり女性の家事負担は大きい。ここでもやはりステレオタイプな中国観がある。


本書には、性的少数者（LGBTQ）や農村の女性に関する記述が欠落している。筆者の取材が届いていないからだが、中国の女権運動はLGBTQを巡る運動と距離が近いと指摘される。取材の随所で同じ印象を持ったが、残念ながらLGBTQについては十分な取材ができなかった。また、北京で暮らす特派員にとって、農村の女性は決して取材しやすい対象ではない。外国人記者への地方政府の警戒は強く、コロナ禍も加わって思うような取材ができなかった。合わせて今後の課題としたい。

もとより欠陥の多い本だが、そのひとつは発言の多くが匿名となっていることだ。本書で匿名で登場する発言者の中には、取材時に「実名でいい」と言ってくれた人もいる。しかし外国メディアの取材を受けることは、中国では危険な行為になりつつある。名前を記したときの影響は予測できず、筆者の判断で匿名とした場合もある。取材相手の安全を考慮した結果ではあるが、匿名での引用が多くなったことは残念である。

中国は大きくて、特派員の担当する仕事は幅広い。日々の仕事は、興味や関心、能力に応じて、その担当地域で起きるニュースや話題をちぎっては投げ、ちぎっては投げを繰り返すことになる。広く浅いスタイルになりがちだが、自身の書いた記事を振り返ると女権主義に関するものが想像以上に多く、今回は女権主義に的を絞って本をまとめることにした。広い切り口で中国の今を描く元特派員の著作が多いため差別化を図ったという事情もあるが、北京滞在中にある中国人の男性記者に勧められたという理由もある。中国の女権主義に関心があると話したとき、彼は「いま中国で一番、面白い分野ですよ。ぜひ本を書くべきだ」と話してくれた。

この言葉は長い間、頭の片隅で塩漬けになっていたが、ちくま新書編集部の藤岡美玲さんから機会をいただき、ようやく形になった。藤岡さんには随所で的確な指摘をいただき、ようやくあとがきを書くところまでたどり着いた。本書の一部は、「東京新聞（中日新聞）」に掲載された記事を参考にしているが、大幅に加筆修正した。また新潮社の国際情報サイト「フォーサイト」に掲載された記事も一部が下敷きになっている。フォーサイト編集部の長井至幸さんと森休八郎さんにも多くのアドバイスをもらった。

名前を記さないが、先の中国人記者も含めて取材に応じてくれた方々に感謝したい。取材を通じて、文字通り蒙を啓かれるような感覚が何度もあった。また、中国取材の機会を与えてくれた会社はもちろん、社内の上司や先輩、同僚がいなければ本書は日の目を見なかった。とくに中国総局の現地スタッフの支えは大きかったと強調したい。同業他社の記者諸氏にも多くのことを教えてもらった。最後になるが、一緒に中国にわたり苦楽をともにした家族と、日本で見守ってくれた両親らに謝意を伝えたい。

中澤　穣

二〇二四年五月

ちくま新書
1812

中国共産党《ちゅうごくきょうさんとう》VS《たい》フェミニズム

二〇二四年八月一〇日　第一刷発行

著者　中澤 穣（なかざわ・みのる）

発行者　増田健史

発行所　株式会社 筑摩書房
東京都台東区蔵前二-五-三　郵便番号一一一-八七五五
電話番号〇三-五六八七-二六〇一（代表）

装幀者　間村俊一

印刷・製本　三松堂印刷 株式会社

ISBN978-4-480-07638-0 C0236

ちくま新書

1162
性風俗のいびつな現場
坂爪真吾
熟女専門、激安で過激、母乳が飲めるなど、より生々しくなった性風俗。そこでは、どのような人たちが、どのような思いで働いているのか。その実態を追う。

1360
「身体を売る彼女たち」の事情
――自立と依存の性風俗
坂爪真吾
なぜ彼女たちはデリヘルやJKリフレで働くのか？　そこまでお金が必要なのか？　一度入ると抜け出しにくいグレーな業界の生の声を集め、構造を解き明かす！

1562
性風俗サバイバル
――夜の世界の緊急事態
坂爪真吾
デリヘル、ソープなど業態を問わず危機に直面した性風俗。世間からは煙たがられ、客足は遠のき、公助も望めない中、いかにしのぎ切ったのか、渾身のドキュメント。

1640
日本水商売協会
――コロナ禍の「夜の街」を支えて
甲賀香織
新型コロナウイルス感染症の震源地として名指しされた「夜の街」。差別的扱いの実態から成長産業としての魅力まで、業界団体代表が業界の全体像を描く。

1649
ルポ 女性用風俗
菅野久美子
「買う女」たち、「買われる男」たち、そして店の経営者への取材を通して、多種多様な欲望や風俗に通う動機、社会的背景を探る。巻末に宮台真司との対談を附す。

1762
ルポ 歌舞伎町の路上売春
――それでも「立ちんぼ」を続ける彼女たち
春増翔太
買春客を待つ若い女性が急増したのはなぜか。当事者たちのほか、貢がせようとするホスト、彼女らを支援するNPO、警察などを多角的に取材した迫真のルポ。

1225
AV出演を強要された彼女たち
宮本節子
AV出演を強要された！　そんな事件が今注目されている。本書は女性たちの支援活動をしてきた著者による初の報告書。ビジネスの裏に隠された暴力の実態に迫る。

ちくま新書

1771 古代中国王朝史の誕生 ——歴史はどう記述されてきたか 佐藤信弥

文字、木簡などの記録メディア、年号などの興りとは。古代中国人の歴史記述への執念、歴史観の萌芽。それらが司馬遷『史記』へと結実する。歴史の誕生をたどる。

1019 近代中国史 岡本隆司

中国とは何か？　その原理を解く鍵は、近代史に隠されている。グローバル経済の奔流が渦巻きはじめた時代から、激動の歴史を構造的にとらえなおす。

1080 「反日」中国の文明史 平野聡

文明への誇り、日本という脅威、社会主義と改革開放、矛盾した主張と強硬な姿勢……。驕る大国の本質を悠久の歴史に探り、問題のありかと日本の指針を示す。

1258 現代中国入門 光田剛編

あまりにも変化が速い現代中国。その実像を政治史、文化、思想、社会、軍事等の専門家がわかりやすく解説。歴史から最新情勢までバランスよく理解できる入門書。

1223 日本と中国経済 ——相互交流と衝突の一〇〇年 梶谷懐

「反日騒動」や「爆買い」は今に始まったことではない。近現代史を振り返ると日中の経済関係はアンビバレントに進んできた。この一〇〇年の政治経済を概観する。

1345 ロシアと中国　反米の戦略 廣瀬陽子

孤立を避け資源を売りたいロシア。軍事技術が欲しい中国。米国一強の国際秩序への対抗……。だが、中露蜜月の舞台裏では熾烈な主導権争いが繰り広げられている。

1512 香港とは何か 野嶋剛

選挙介入や国家安全法の導入決定など、中国の横暴がすさまじい。返還時の約束が反故にされた香港。若者中心の抵抗運動から中米対立もはらむ今後の見通しまで。

ちくま新書

1478 漢語の謎 ——日本語と中国語のあいだ 荒川清秀

漢字の熟語である「漢語」は、中国から日本に伝来し、また日本から中国へ輸出もされてきた。本書は様々な漢語の来し方を探求し、秘められたドラマを描きだす。

1563 中国語は楽しい ——華語から世界を眺める 新井一二三

中国語で書き各地で活躍する作家が、文法や発音など基礎を解説し、台湾、香港、東南アジア、北米などに華語として広がるこの言語と文化の魅力を描き出す。

1277 消費大陸アジア ——巨大市場を読みとく 川端基夫

中国、台湾、タイ、インドネシア……いま盛り上がるアジア各国の市場や消費者の特徴・ポイントを豊富な実例で解説する。成功する商品・企業は何が違うのか？

1653 海の東南アジア史 ——港市・女性・外来者 弘末雅士

ヨーロッパ、中国、日本などから人々が来訪し、交易や植民地支配を行った東南アジア海域。女性や華人などを通して東西世界がつながった、その近現代史を紹介。

1362 沖縄報道 ——日本のジャーナリズムの現在 山田健太

オスプレイは「不時着（読売・産経）」したのか「墜落（沖縄紙）」したのか——。沖縄をめぐる報道から、偏向、分断、ヘイトが生まれる構造を解き明かす。

1366 武器としての情報公開 ——権力の「手の内」を見抜く 日下部聡

石原都知事（当時）の乱費や安保法制での憲法解釈の変更など公的な問題に情報公開制度を使って肉薄した毎日新聞記者が、その舞台裏を描き、制度の使い方を説く！

1668 国際報道を問いなおす ——ウクライナ戦争とメディアの使命 杉田弘毅

メディアはウクライナ戦争の非情な現実とその背景を伝え切れたか。日本の国際報道が抱えるジレンマを指摘し、激変する世界において果たすべき役割を考える。